한국인의 사유방법

한국인의 사유방법

2023년 5월 25일 초판1쇄 발행
2024년 7월 10일 초판2쇄 발행

지은이 | 나카무라 하지메(中村元)
옮긴이 | 석오진(釋悟震)
교정교열 | 정난진
펴낸이 | 이찬규
펴낸곳 | 북코리아
등록번호 | 제03-01240호
주소 | 13209 경기도 성남시 중원구 사기막골로 45번길 14
우림2차 A동 1007호
전화 | 02-704-7840
팩스 | 02-704-7848
이메일 | ibookorea@naver.com
홈페이지 | www.북코리아.kr
ISBN | 978-89-6324-512-6 (03150)

값 17,000원

한국인의 사유방법

韓国人の思惟方法

나카무라 하지메 지음 ― 석오진 옮김

북코리아

추천의 글

일본의 철학자 나카무라 하지메(中村元, 1912~1999) 박사가 저술한『한국인의 사유방법』을 추천드립니다.

오늘날 국문학, 국사학 및 다양한 인문학 그리고 사회과학 등을 기반으로 우리 한국인은 누구인가, 그 특징은 무엇이고 앞으로 어떠한 비전을 갖고 나아가야 할 것인가에 대해 여러 이른바 한국학적 연구들에서 답변들을 시도해왔습니다. 실로 큰 학문적 발전이 있었다고 봅니다.

하지만 우리가 스스로를 볼 수 없어서 거울에 나타난 상을 통해 우리의 모습을 확인하듯 우리 한국 학계에서만이 아니라 해외 다른 나라들에서 우리를 어떻게 보고 있는가는 중요합니다. 단순히 외국인이 본 한국에 대한 인상이 아니라 객관적이고 비교적인 관점을 통해 우리 자신을 더 잘 알고 '타자'로서의 우리의 심층까지 엿볼 수 있게 하는 내용이라면 그것은 결코 간과할 수 없다고 봅니다.

이런 점에서 외국인들이 한국에 대해 쓴 글들도 꽤 있는 것은 사실입니다. 특히 개화기 선교사들의 자료나 광복 이후 다양한 나라에서 온 외국인들이 기록한 한국에 대한 자료들도 꽤 있습니다. 그러나 한국인의 정신적 사유를 다룬 것은 극히 드뭅니다. 이런 맥락에서 저는 가장 가까운 이웃 나라이면서 외국인 타자로서 바라본 나카무라 하지메 박사의 『한국인의 사유방법』은 특히 우리가 관심을 가져볼 만하다고 생각합니다. 일제 강점기 총독부 사업의 일환으로 한국의 사상과 종교에 대한 자료들이 출간된 바 있습니다. 그러나 아무래도 이른바 식민사관의 틀에 사로잡혀 한계가 있었던 것은 주지의 사실입니다. 이에 비해 나카무라 교수의 이 책은 일본인은 물론 중국인, 인도인, 티베트인 등을 비교 조사하여 『동양인의 사유방법』이라는 책을 내서 일본에서 엄청난 독자들을 확보했고, 영어판으로 번역되어 서양에서도 베스트셀러가 된 후, 그 시리즈에서 별도로 출판한 책으로서 한국인만이 아니라 동양인의 큰 맥락 속에서 한국인의 사유를 대상으로 했다는 점에서 더욱 의미심장합니다. 대체로 매우 사려 깊은 학문적 통찰을 깔고 누구나 이해하기 쉽게 쓴 교양서입니다.

필자인 나카무라 교수를 좀 더 살펴보면, 일본 내 저명한 불교학자일 뿐 아니라 세계적인 불교학자로 알려져 있고, 일본에서 도쿄대학 교수 및 일본학술원 원장을 지냈고, 국가에서 지원하여 불교와 동양사상을 전문으로 탐구해온 연구소인 '동방학회'를 설립한 20세기 후반 이후 일본 최고의 사상가로 알려져왔습니다. 심지어 얼마 전 일본 아베 수상이 직접 나와서 이끌었던 "아시아 민주주의의 사상적 기반"이라는 주제의 국제포럼에 제가 한국 대표로 참여한 바 있는데, 그때도 포럼 전체의 사상적 뿌리를 나카무라 박사의 불교학적 틀을 기반으로 한 동양사상에 두고 논지를 펴는 것에 새삼 감탄한 바 있습니다.

한편 한국어로 이 책을 번역한 석오진(釋悟震, 1947~) 박사는 불교학자로서 일찍이 일본에 가서 나카무라 교수 및 그의 제자들로부터 가르침을 받고, 나카무라 교수를 직접 수십 년 모시고 위에서 거론한 동방학회를 실질적으로 이끌어온 분입니다. 또 서울대학교 종교문제연구소의 객원연구원으로 한국에 일본불교학을 본격적으로 소개하기도 하여 한국불교학계에 큰 공헌을 하신 분입니다. 따라서 나카무라 교수의 저술 번역에는 가장 적합한 분이고, 또 한국인의 관점에서 이해를 돕기 위해 수많은 역주를 삽입하고 있습니다. 다만 일본에서 생활한 지 너무 오래되어 한글 문체에 익숙지 못하여 고민하던 중, 번역한 원고의 교열을 연세대학교 국문학과 교수를 역임한 이윤석 교수께서 도움을 주셨습니다.

저는 2006년 일본종교학회에 초청받아 기조강연을 한 후 특히 석오진 박사를 비롯한 일본 사상계의 주요 인물들과 지속적인 교류를 해온 바 있습니다. 많은 일본 학자들은 한국 학자들과 좀 더 깊은 교류를 원하고 있습니다. 이런 점에서 더욱 나카무라 교수의 이 책은 한일 학계의 교류에 작은 소통의 창문이 될 수 있으리라고 일본 학자들과 공감해 왔습니다.

서울대학교 인문대학 종교학과 명예교수 김종서

머리말:
동양학 어떻게 볼 것인가?

의외로 우리 일본인은 일본과 가장 가까운 한국에 대해 잘 알지 못한다. 태평양전쟁 이후 오랫동안 국교가 단절되었으나 최근에 이르러 국교가 정상화되어 유학생으로 도일한 사람들을 통해 여러 가지를 들어 알게 되었다. 그리고 한국에 이미 7회에 걸쳐 여행을 해 한국의 여러 학자들과 끊임없이 교류하게 된 것은 저자의 고찰에 참으로 유익했다. 한국인은 "왜 『한국인의 사유방법』을 문제 삼지 않았는가?"라는 질문을 수없이 받았다.

'동양인의 사유방법' 중에서 이미 『중국인의 사유방법』과 『일본인의 사유방법』이 김지견 박사에 의해 한국어로 번역되어 많은 한국인에게 환영받고 있음을 알고 저자는 한국인의 호의에 보답코자 생각했다.

저자로서는 아직 그만한 준비가 되어 있지 않지만, 나름대로 마음에 다가오는 것은 여러 가지가 있다. 맑은 날에는 부산 해변에서 잇키(壱岐)-쓰시마(対馬島)가 보인다고 한다. 일본인과 한국인은 용모만으로는 구별할 수 없는 경우도 있으며, 한국어는 일본어와 가장 가까운 언어라고 한다. 그럼에도 현실에서의 양국 문화는 매우 다른 형태를 보이고 있다.

예전에는 양국 모두 한문으로 쓰인 책이 많았는데, 같은 한문으로 기록했다 해도 한국에서 중요하게 다뤄진 문헌들을 일본이나 중국 것과 주의 깊게 비교 검토하면 반드시 성과가 나올 것이다. 앞으로의 연구가 크게 기대되는 바다.

이하에서는 저자 나름대로 깨달은 범위 내에서 한국적 사유의 특징을 찾아내고, 특히 외국 문화의 이입(移入) 또는 변용(變容), 반발, 비판의 추이(推移) 중에서 한국인의 독자적인 특징 같은 것을 지적하는 데 비중을 두었다. 앞서 출간한 '동양인의 사유방법' 세 권과 마찬가지 방법으로 임했다.

이 책에서는 '한국'과 '조선' 양쪽의 호칭을 사용했다. 그 이유로 현재 북한의 실정을 알지 못하므로 현대를 언급할 때는 '한국'으로 표현했으나 예전에는 하나의 조선이었으므로 역사적인 서술인 경우에는 '조선'으로 칭했다. 그 용법을 엄밀하게 수미일관(首尾一貫)하지는 못했으나 거의 이러한 마음가짐으로 서술했다.

CONTENTS

CONTENTS

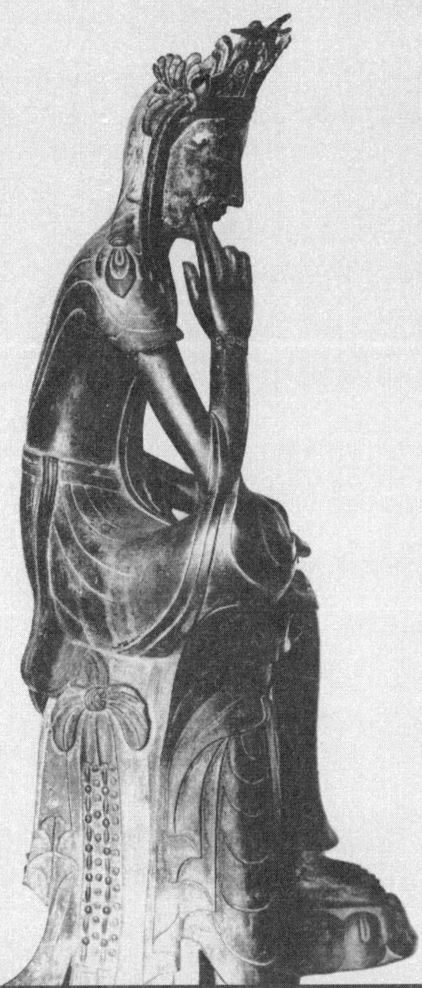

1장 한국 불교의 특징

1
역사적 배경

불교가 전해지기 전의 한국에도 민간신앙이 존재했다. 한국인의 생활 속에는 외래의 불교만이 아니라 그 이전부터 존재했던 민족적 종교의례가 오늘날에도 면면히 살아 숨 쉬고 있다.

심산유곡에 있는 불교 사원의 건물 중에는 칠성과 그 토지의 산신들[1]을 봉안하고 있다. 이를 '산신각'이라 이름한다. 특히 사원 가까이에 칠성각이 있다. [이것은 원래 도교에서 유래한 것이다. 예전에는 도교의 영향이 뚜렷했으나 지금은 도교만의 독립 사원은 거의 찾아볼 수 없다. 한국에는 독립된 도관(道觀)이 남아있지 않으나 관우를 모시는 사당이 사원 안에 혼재하고 있다.] 또한 점성술도 행해지고 있으며, 견우직녀 신앙도 존재한다.

민족의 시원(始原) 신화도 전해지고 있음을 알 수 있다. 예컨대 신라 6부 사람들이 알천(閼川) 변에 모여 있을 때 양산(楊山) 숲속에서 한 줄기

1) 釋悟震,「韓國佛敎寺院における山神の一考察」,『宗教研究』61(4), 제275호, 1988. 3, pp. 240-241.

찬란한 빛과 함께 큰 알이 강림해 이 큰 알에서 신동(神童)이 탄생했다. 이 사람을 '혁거세(赫居世)'라 이름하고 신라의 시조 왕으로 추대했다. 이것이 김씨, 이씨, 박씨의 시조다. 그 밖에도 한국에는 알에서 선조가 탄생했다고 하는 민족 신화가 많다.

그리고 하나의 씨족도 여러 분파로 나누어져 있다. 일종의 격식이라고도 할 수 있는 '본관(本貫)'의 차이로 여러 김씨가 존재한다. '본관'이란 같은 씨족 출신지를 말한다.

최근의 보고에 의하면 한국의 성씨 수는 대체로 274개 성씨와 3,435개 본관에 달한다. 이 중에서 김(金), 이(李), 박(朴) 세 성씨가 한국인 전체(4,121만 5천 명, 1987년 현재)의 45%인 1,820만 7천 명에 달하고 있다. 이들 세 성씨를 비롯해 10대 성씨로 최(崔), 정(鄭), 강(姜), 조(趙), 윤(尹), 장(張), 임(林)씨가 64.5%[2]를 차지해 압도적으로 많은데, 같은 씨족을 다른 씨족과 구별하기 위해 주로 선조의 출신지명을 붙여 씨성을 호칭했다. 예컨대 '경주김씨', '전주이씨'라고 했다. 본관은 선조의 출신지에 의한 것이 압도적으로 많은데, 건국신화나 전설에 의한 것도 있으며 귀화인인 경우에는 최초로 정주한 지명을 본관으로 삼는 예도 있다.

또 한국인의 선조는 산에서 시작되었다는 시조신화도 있다(『삼국유사』 첫머리 참조). 산신 신앙은 도교와는 별도로 한민족 고유의 것이다. 현재의 불교 사원에서도 이러한 고유의 신앙을 제거할 수 없었다. 불교 사원의 산문에 들어서면 대웅전이 있는데, 그 오른쪽 또는 왼쪽 뒷면 혹은 측면에 삼성각(三聖閣)이 있다. 이곳에는 삼성을 모시는데 삼성이란 산신,

---

2) 한국경제기획원 발표, 『서울신문』, 1987년 12월 24일자.

칠성, 독성(나한)을 말한다. 경우에 따라서는 독성만 모시는 건물이 별도로 있는 곳도 있다. 산신과 칠성은 불교와 관계없는 존재라는 이유로 불교 사원에서 추방하려는 움직임도 있었으나 민중의 절대적인 찬동을 얻지 못하여 그대로 유지되고 있다. 이같이 민간신앙과 깊은 관계를 맺고 있다.

그러던 중 보편 종교로서의 불교가 들어왔다. 고대 조선은 중국의 주변 국가로서 중화주의적(中華主義的) 세계관을 가장 성실하게 신앙한 사람들이었다. 중국에서 성립한 불교의 제 종파는 그대로 한국에 들어와 토착화했다.

한국에 불교가 전해진 것은 고구려의 경우 소수림왕 2년(372)에 전진(前秦) 왕 부견이 사자(使者)와 승려 순도(順道)를 파견해 불상과 경전을 보낸 것이 최초라고 전하고 있다. 백제는 침류왕(枕流王) 원년(384)에 호승(胡僧) 마라난타(摩羅難陀)가 진(晉)에서 건너와 왕의 하례를 받았다. 신라에는 법흥왕(法興王) 15년(528)에 고구려 계통의 불교가 공식적으로 전해졌다.

신라는 제23대 법흥왕[3] 대에 가야 지방에 침입해 일본 세력의 근거지였던 금관국(金官國)을 멸망시켰다. 제24대 진흥왕 대에는 가야에서 일본 세력을 일소시키고, 북방으로는 고구려를 한강 이북으로 물리쳤으며, 백제의 의자왕(義慈王, 재위 641~661)과 많은 왕족 그리고 그 신하들을 포로로 삼고 그 지방을 확보한 후 직접 중국과 관계를 맺도록 했다. 동해안

---

3) 법흥왕 대부터 불교가 널리 전파되었다는 것에 대해서는 『삼국유사』 제3권(大正藏 49권, p. 987中 이하)에 상세히 기록되어 있다. 또 『해동고승전(海東高僧傳)』 제1권(大正藏 50권, p. 1015下) 참조.

에는 함경남도까지 영토를 확대했다. 이때부터 통일신라시대가 시작되었다.

불교는 신라 제19대 눌지왕(訥祇王, 재위 417~457) 때부터 민간에 널리 퍼져 있었으나 법흥왕 14년(527) 이차돈(異次頓)의 순교로 인해 공식적으로 승인되어 궁중을 비롯해 일반에 전해지게 되었다. 이해 527년을 경계로 불교는 국왕의 보호하에 국가적 종교로 발전해 구세제민(救世濟民)을 위한 가르침으로 인정받게 되었다.

진흥왕(眞興王, 재위 540~576) 통치 시기에는 불교가 대단히 융성했다. 흥륜사(興輪寺), 영흥사(永興寺) 등 사원이 많이 건립되었으며 신라의 옛 도읍지 경주에는 불교 사원의 유적이 많이 남아있다. 일반인이 출가해 승려가 됨을 허가하고, 양무제(梁武帝)로부터 학승과 불사리(佛舍利)를 받아들였다. 진흥왕도 만년에 출가했다.

그 뒤 진(陳)나라와 수(隋)나라에 유학승도 보내 원광(圓光, 555~630) 같은 대학승도 출현하게 되었다. 중국 당대에 신라가 한반도를 통일했는데(676), 원효(元曉, 617~688)와 의상(義湘, 625~702) 같은 학승이 배출되어 그 학식은 중국, 일본에서도 인정받고 있다. 이 두 사람 모두 『화엄경』 사상에 정통해 있었으며 원효가 불교를 민중화시킨 승려로 알려진 데 비해 의상은 그 문하에 많은 학승을 길러냈다. 또 원측(圓測, 612~696)은 신라 사람으로 현장(玄奘)에게서 배우고 유식설(唯識說)을 통해 독특한 견해를 갖고 있었다. 그로 인해 중국 법상종(法相宗) 정통파로부터 배척되었는데,[4]

---

4) 당(唐)나라 수도인 서안(西安)의 흥교사(興敎寺)에 있는 현장(玄臧, 602~664)법사의 석탑 양측에는 자은(慈恩)대사 기[基, 632~682: 중국 법상종(法相宗) 창시자]의 석탑과 서명사(西明寺) 원측(圓測, 613~696)의 석탑이 함께 세워져 있다. 이 석탑이 세워졌을 때는 원측

그가 저술한 『해심밀경소(解深密經疏)』는 티베트어로 번역되어 전해지고 있다. 그 밖에 많은 고승의 활동이 『해동고승전』[5]에 기록되어 있다.

통일신라시대가 끝나고 후삼국시대가 도래해 고려가 935년 신라를 병합하고 다음해에는 후백제를 멸망시켜 한반도를 다시금 통일했다. 고려는 불교를 국교로 삼고 당나라의 율령(律令)제도를 도입해 율령국가를 만들었으며, 불교문화도 번성했다. 그 후 고려왕조도 불교를 신봉했으며, 문종(文宗) 대에는 『고려대장경』이 간행되었다. 문종의 넷째 아들은 학승 의천(義天, 1055~1101)[6]으로 알려져 있으며, 의천의 문하에는 1천명의 제자가 있었다고 전해진다. 현재에 이르는 한국 불교를 확립한 것은 보조국사 지눌(普照国師知訥, 1158~1210)[7]이다. 그는 일본의 도겐(道元,

---

이 이단시(異端視)되고 있지 않았을 것이다. 원측을 이단시한 것은 후대의 법상종 사람들이었음에 틀림없을 것이다.

5) 『해동고승전』(大正藏 50권, p. 1015 이하, No. 2065). Lives of Eminent Korean Monks, The Haedong Kosung Chon, translated by Peter II. Lee Harvard-Yenching Institute Studies XXV, Cambridge, Mass., Harvard University Press, 1969. 『해동고승전』은 고려 각훈(覺訓)의 찬술로 고종 2년(1215)의 것인데, 2권으로 되어 있다. 불교가 한반도에 전해졌을 때(372)부터 석현대(釋玄大, 650년경)에 이르기까지 20명 정도 고승들의 전기(傳記)를 전하고 있다.

6) 고려시대의 학승으로 시호(諡號)를 '대각국사(大覺國師)'라 했다. 고려 제11대 문종(文宗)의 넷째 아들로 1067년 13세에 승통(僧統)이 되었다. 1085년 5월 송나라에 들어가 화엄종(華嚴宗)의 정원(淨源) 등 당시 각 종파의 중심인물들과 교류했으며, 귀국한 후 중국에서는 없어진 문헌을 보내 송대의 화엄을 부흥시키는 기틀을 만들었다. 1097년 국청사(國淸寺)를 완성시켜 고려 천태종(天台宗)을 개창(開創)해 선(禪)과 교(敎)의 화합을 기도했다. 흥왕사(興王寺)에 거주하면서 교장도감(教藏都監)을 설치해 요(遼) · 송(宋) · 일본 등의 불교서적과 함께 한국 내 서적도 수집해 『고려속장경(高麗續藏經)』을 간행했다. 이때 만든 것이 『신편제종교장총록(新編諸宗教藏総録)』이다. 현재 의천의 저술과 그가 간행한 화엄 관계의 논소(論疏)는 일본에도 전해진 것을 확인할 수 있다. 그의 저술로는 『원종문류(圓宗文類)』 23권(3권이 현존), 『석원사림(釋苑詞林)』 250권(5권이 현존), 『대각국사 문집(文集)』 23권(일부 결장) 등이 있다.(옮긴이 주석)

7) 한국 선불교를 확립시켜 조계종의 기초를 세운 고려시대의 선승(禪僧)으로 호를 '목우자

1200~1253)[8]과 같은 시대의 선배로서 화엄과 선에 정통해 조계종을 확립했다. 조계종은 교학과 참선을 함께 수학하는 입장을 취하고 있다.

고려 왕조 시기에 왕실과 사원의 관계는 대단히 긴밀했다. 가히 불교 국가로 칭할 만했다. 그러나 나중에 북방 민족의 침입으로 고통을 겪

(牧牛子)'라 하고 '혜각존자(慧覺尊者)'라고 불렀다. 죽은 후에 당시의 국왕 희종(熙宗)이 '불일보조국사(佛日普照國師)'라는 시호를 하사했다. 그는 황해도 동주(洞州)[현 서흥군(瑞興郡)] 출신으로, 17세에 경주 보문사에서 이통현(李通玄)의 『신화엄경론(新華嚴經論)』을 공부한 후 화엄과 선종의 근본이 일치함을 알고 25세에 독학으로 불교를 깨쳤다. 정식으로 승려가 된 후 전라남도 청량사(清凉寺)에서 『육조단경(六祖壇経)』을 읽고 있을 때 "진여자성(眞如自性)은 외계(外界)의 대상에 속박됨 없이 언제나 자유자재하다"는 부분에 이르러 놀람을 금치 못하고, 이를 기반으로 한 참선 수행에 몰두해 32세에 뜻을 같이하는 도반들과 함께 정혜(定慧)의 모임을 결성해 정진을 게을리하지 않았다. 다시 말하면, 당시 중국에 건너간 승려들에 의해 도입된 한국의 선종과 달리 지눌의 선은 한국에서 독자적으로 형성시킨 것이라고 할 수 있다. 한국의 화엄학은 신라의 의상(義湘) 이래로 융성했으나 그중에서도 이통현에 착안한 것은 지눌의 독자적인 안목이라 할 수 있다. 지눌은 또 대혜(大慧) 『어록(語録)』을 읽고 크게 깨달아 42세에 정혜의 모임을 전라남도 송광사로 옮겼고, 48세에 조계산(曹溪山) 수선사(修禪社)의 명칭을 새롭게 했다. 이것이 현재의 조계산 송광사다. 또 그는 『육조단경』을 참선의 중심으로 하고 이통현 · 종밀(宗密) · 대혜종고(大慧宗杲)의 저작을 중시했으며, 신도들에게는 『금강반야경(金剛般若經)』을 독송하도록 권했다. 저술로서는 『수심결(修心訣)』, 『원돈성불론(圓頓成佛論)』, 『진심직설(眞心直說)』, 『화엄론절요(華嚴論節要)』 등 10종이 남아있으나 그의 제자들의 저작 또는 다른 사람들의 저술도 포함되어 있다.(옮긴이 주석)

8) 일본 가마쿠라(鎌倉) 시대(1192~1333)의 승려. 일본 조동종(曹洞宗)의 개조(開祖). 3세에 부친을 잃고 8세에 모친을 잃은 후 13세에 일본의 명승 료칸(良観)이 수행 안거 중이던 일본불교 총본산 교토 히에이산(比叡山)을 찾은 후 그다음 해에 당 총본산 최고 직위에 있던 고엔(公圓) 산하에서 출가 득도했다. 국내 수행을 마치고 1223년 중국 송나라에 유학하여 천동산(天童山)의 여정(如浄)선사 밑에서 수행 중 1225년 스승 여정선사의 「신심탈락(身心脱落)」 법어를 듣고 활연 대오했다. 1227년 일본에 귀국한 후 중국 조동선을 펼치면서 자신이 실제 체험에서 얻은 순수한 깨우침에 대한 내용을 열반 직전까지 기록 제창한 『정법안장(正法眼蔵)』을 시작해 참선 수행에 대한 많은 서적을 저술했다. 그의 가르침은 현재 일본 조동종의 종지가 되었고, 단일 종파로서는 일본 제일의 불교 사원을 보유하는 큰 원동력이 되었다. 현재도 그의 정신은 도겐선사가 창건한 후쿠이현(福井縣) 영평사를 시작으로 일본 전국에 산재한 조동종 선찰에서 그 맥이 끊이지 않고 이어지고 있다. 일본 불교의 정신적 지도자로서 그 명성이 높다.(옮긴이 주석)

게 되었다. 11세기에는 거란족(契丹族)인 요(遼)나라의 침략을 받았고, 12세기에는 여진족(女真族)인 금(金)나라의 압력을 받았다. 13세기에는 몽골족인 원(元)나라의 대대적인 침략을 받아 원나라의 일본 원정에 두 번이나 징병되었으며, 14세기에는 왜(倭)의 침공을 받았다. 그 후 1392년 고려 왕조는 이성계에 의해 몰락하게 되었다.

이에 이(李)씨 왕조가 시작되어 국호를 '조선'이라 하고 서울(漢陽)에 도읍했다.

이성계가 왕위에 올라 조선 왕조를 창시했을(1392) 때부터 조선은 일반적인 방침으로 불교를 탄압 · 배척하고 유교를 융성시키기 위해 사원을 기생방으로 사용하게 하고 불상의 목을 잘라버리곤 했다.

조선 태종(太宗, 재위 1401~1418)은 시종 부처에 예배하지 않았다. 급기야 성종(成宗)은 출가를 금지하고 말았다. 출가는 국법을 어기는 일로 간주했다.[9] 태종에 이어 연산군(燕山君, 1495~1506)은 많은 사원을 폐지했을 뿐만 아니라 제 종파를 통폐합했다. 11개 종을 폐지하여 7개 종으로 만들었는데, 당시의 승려들도 합병을 주장했거나 이미 합종(合宗)을 실행하고 있었으므로 반드시 강권(强權)만으로 행해진 것은 아니었다.

일본의 철퇴(撤退), 남북분단과 함께 한국에는 특히 도시를 중심으로 기독교가 급격히 성장했으나, 지방을 포함한 각 도시에서는 불교 신앙이 폭넓게 명맥을 유지하고 있다.

현재 한국에는 조계, 태고, 천태, 진언, 진각, 대한법화, 한국법화, 원효 등 47종의 종파가 있으며, 민중적인 불교계 신종교로서 원불교가 존

---

9) 中切功,『海東の佛教』, 國書刊行會, 1973. 2, p. 69.

종파명		사원 수	승려 수	신도 수	소의경전	개종 연도
1	대한불교조계종	1,694	13,387	1,513만	금강경	
2	한국불교태고종	2,455	4,708	400만	금강경	'70. 5
3	대한불교천태종	677	1,001	120만	법화경	'66. 8
4	대한불교관음종	307	293	140만	법화경	'88.
5	대한불교대승종	72	103	18만	금강경	'88. 5
6	대한불교미륵종	127	134	15만	미륵경	'64. 10
7	대한불교미타종	402	449	130만	아미타경	'84. 9
8	대한불교법화종	212	352	41만	미륵삼부경	'70. 2
9	대한불교법화종	1,456	1,645	49만	법화경	'60. 8
10	대한불교보문종	33	185	5만	법화경	'72. 4
11	대한불교본원종	113	331	6만	정토삼부경	'89. 9
12	대한불교삼론종	107		6만	반야경 · 삼론 · 화엄경	'89. 4
13	대한불교용화종	25	64	2만	미타경	'63. 12
14	대한불교원융종	161	181	9만	금강경	'82. 3
15	대한불교원효종	229	495	7만	화엄경 · 미타경	'63. 9
16	대한불교일승종	350	502	3만	법화경	'69. 1
17	대한불교정토종	300	58	3만	정토삼부경	'65. 11
18	대한불교조동종	162	234	10만	금강경	'89. 5
19	대한불교진각종	118	254	61만	대일경	'47. 6
20	대한불교진언종	16	28	1만	대일경	'54. 4
21	대한불교총화종	667	1,001	121만	반야경	'69. 12
22	대한불교화엄종	74	96	1만	화엄경	'69. 8
23	대한불교총지종	36	56	3만	대일경	'72. 12
24	천화불교	4	7	6천	약사경	'64.

	종파명	사원 수	승려 수	신도 수	소의경전	개종 연도
25	한국불교여래종	109	130	6천	법화경	'88. 10
26	한국불교법륜종	142	198	10만	화엄경 · 금강경	'88. 11
27	한국불교법화종	54	59	14만	법화경	'46. 2
28	대한불교열반종	44	41	24만	대반열반경	'91. 10
29	대한불교선교종	316	700	30만	금강경	'92. 10
30	대한불교유마종	428	1,414	2만	유마경	'92.
31	대한불교교화종	92	172	3만 6천	미륵삼부경 · 법화경	'88. 10
32	대한불교법왕종					
33	대한불교달마종	3	5	200		
34	대한불교대승연화종	42	40	1만 2천	법화경 · 무량의경	'89. 3
35	대한불교선승종					
36	대한불교불입종	85	232	34만	법화경	'66. 10
37	대한불교아미타종					
38	대한불교영산법화종	16	23	5만	법화삼부경	'61. 9
39	대한불교일붕선교종	720	,200	15만	금강경	
40	대한불교천지종					
41	대한불교홍제종	27	50	2만	법화경	'87. 12
42	아시아정토불교법안종				정토경	'88. 5
43	진언불교지송종			1천	준제경	'86. 9
44	한국불교미륵선종	30	50	3만	미륵경	'92. 8
45	한국불교미륵종	95	141	2만	미륵경	'89. 4
46	한세계인류성도종	14	15	3천	반야경	'89. 12
47	대한불교염불종					

재한다. 각 종파의 교세를 살펴보면 위와 같다.[10)]

이같이 다수의 종파가 존재하는데, 위의 통계에서도 알 수 있는 바와 같이 각 종파의 소의경전은 차이를 보이고 있으나 일상 독송하는 경전과 의식은 큰 차이가 없다. 각 종파마다 완전히 다른 경전 독송과 의식에 차이를 보이는 일본과는 그 취지가 크게 다르다. 다만 실천 수행에 관해서는 많은 차이를 보이고 있어 이들 종파 중에서 오직 조계종만이 출가를 원칙으로 해 비구 250계, 비구니 348계 엄수를 요구하고 있다. 그 밖의 종파는 유발이어도 좋고 승복에 관한 규제도 비교적 자유로우며 현대화되어 있다. 그러나 최근에 와서 전통을 지키고 있는 조계종도 의복제도나 계율문제를 현대화하려는 움직임이 있어 이에 관한 찬반 양론이 일고 있어 세간의 주목을 받고 있다.

그러나 일반적으로 승려는 계율을 지키고 있다. 다만 일제강점기에 행해진 자유주의의 영향으로 육식과 대처를 용납하는 경향도 있다. 이 제도를 도입하고 있는 종파는 특히 태고종 승려들이다. 그리고 민중 사이에서는 '원불교'라고 불리는 새로운 운동이 일고 있다.

현재 한국과 북한은 모두 정교분리(政教分離) 국가인데, 북한의 종교 사정은 확실하지 않으나 한국은 1985년 당시 총인구 약 4,200만 명 중 불교 37.4%, 개신교 25.7%, 가톨릭교 3.8%, 유교 17.5%로 추정되고 있다.[11)] 이 추정으로 계산하면, 한국 불교도의 총수는 1,541만여 명이라는 것을 알 수 있다. 다만 현재 한국 각지에서는 기독교도들의 활동이 활발

10) 1984년 12월 23일자 『서울신문』 내용에 번역자가 좀 더 확실히 하기 위해 1990년 교세 현황을 추가했음을 밝힌다.

11) Britannica, Book of the Year, 1986, p. 717.

하며 교회가 곳곳에 세워져 있음을 볼 수 있으나 이는 해방 이후의 현상이라고 한다.

지금은 불교가 조선 시대 억불숭유 정책으로 인해 산속으로 밀려나 깊은 산에 사원을 남겨놓고 있으나 원래는 도회지에 근거를 두었다. 신라 불교의 중심은 경주였는데, 경주는 당시의 대도회지였다. 즉, 도회지 불교였다는 점에서 일본 나라(奈良)시대의 경우와 비슷하다.

한국인의 사유방법을 고찰하기 위해 특히 주목해야 할 것은 천수백 년에 걸쳐 불교국이었음에도 최근에는 '기독교국'이라고 말할 정도로 종교 상황이 변형되어가고 있다는 것이다.

불교국에서 기독교국이라 말할 정도로 전향되어버린 사례는 다른 나라에서는 찾아볼 수 없다. 아시아에서도 유일한 사례다. 왜 그렇게 되었을까? 그것은 한국전쟁 때 민중이 곤경에 빠져 그 생활이 극도로 피폐했기 때문에 미국을 중심으로 한 유럽지역의 소위 기독교국들의 원조에 의존하여 감사하는 마음 때문이다. 그러면 어째서 한국전쟁이 일어났는가? 그것은 제2차 세계대전 결과 한국과 북한이 이데올로기로 인한 대립으로 이분되었기 때문이다.

제2차 세계대전 이후 패자로서의 일본이 크게 변화한 것은 당연하지만, 한민족의 사상과 생활도 크게 변화했다. 그러므로 한국인의 사유방법을 파악하기 위해서는 세계적 시야가 필요하다.

그리고 한국인은 국제관계의 변화에 대해 일본인 이상으로 민감하다는 것을 잊어서는 안 된다.

2
인도-티베트-중국-일본과의 교류: 보편성의 자각

불교는 세계종교, 내용적으로는 보편종교로 한반도에 이입(移入)되었다. 주류는 중국 대륙으로부터 들어온 것이 분명하지만, 인도에서 직접 전래된 불교도 있다.

백제 불교와 중앙아시아나 인도 불교와는 직접적인 연관성이 있었다. 백제에 처음으로 불교를 전한 것은 호승(胡僧) 마라난타(摩羅難陀)였다고 전하고 있으며(『삼국사기』), 또 백제 승려 겸익(謙益)은 인도에 직접 구법(求法) 순례해 오부율(五部律)과 그 밖의 불전을 가져왔다.[12]

그리고 여행기인 『왕오천축국전(往五天竺國傳)』을 지은 혜초(慧超)는 신라 사람이다. 또 나아란다 대학 유적에서는 한반도의 가위가 발견되었다. 한반도에서 온 유학승이 소지한 것임이 분명하다.

---

12) 미륵불광사 사적(彌勒佛光寺事蹟)

한편 티베트 왕 티손 디센은 불교 도입을 결의해 당나라에 사절단을 파견했는데(752~756년경), 이때 익주(益州)의 수도 성도(成都)에서 그들에게 불교 기초 입문을 적극적으로 지도한 사람이 신라의 학승 김지장[법명은 무상(無相), 680~756]이었다. 김지장은 신라의 왕자였다. 이것으로 미루어 보아 당시 당나라를 중심으로 한반도에서 티베트에 이르기까지 하나의 정신적인 큰 움직임이 있었음을 알 수 있다.[13]

일본에 불교가 전래된 것도 실은 동북아시아에서 정치적 변동의 여파에 지나지 않는다. 552년 일본에 불교가 전해졌다고 하나 당시 백제는 일본과 결탁해 신라와 싸우고 있었다. 이에 백제의 왕은 일본의 천황과 동맹 관계를 맺으려고 불상과 경전 등을 일본 황실에 증정했다고 여겨진다.

신라가 백제와 일본의 동맹군을 백마강변에서 전멸시켰음을[14] 크게 자랑해 기록한 승전비(勝戰碑)가 부여 박물관 정원 일각의 작은 건물에 보존되어 있다. 이 비문 내용을 조선총독부 발간 『조선금석총람』에 수록하고 있다. 백마강 물은 지금도 변함없이 유유히 흐르고 있으나 그 강변 사방을 바라보면 소멸돼 없어진 일본군 장병의 원성(怨声)이 들리는 것 같다.

『일본서기』[15] 긴메이(欽明) 천황 13년 겨울 10월 조(條)에 한반도에

---

13) 山口瑞鳳, 「チベット佛教と新羅の金和尙」, 金知見 · 蔡印幻 編, 『新羅佛教硏究』, 山喜房, 1993, pp. 1-36.

14) 상세한 연구로는 小林惠子, 『白村江の戰いと壬申の亂—唐初期の朝鮮三國と日本』(現代思潮社, 1988)이 있다.

15) 『니혼쇼키(日本書紀)』 또는 『대화기(大和記, 야마토부미)』는 일본에 존재하는 가장 오래된 정사(正史)로, 일본 육국사(六國史)의 첫 번째에 해당한다. 『고사기(古事記)』까지 포함하면

서 불교가 전래됐음을 다음과 같이 전하고 있다.

> 겨울 10월에 백제의 성명왕(聖明王)[다른 이름으로는 성왕(聖王)]은 서부희씨(西部姬氏),[16] 달솔(達率), 노리사치계(怒唎斯致契) 등을 파견해 금동 석가불상 1구, 번개(幡蓋) 약간, 경론(經論) 약간을 헌상했다. 특별히 공개해 많은 사람들에게 알려 예배케 하며, 그 공덕을 찬탄해 말하기를 "이 법은 모든 법 중에서도 가장 훌륭한 것입니다. 이해하기 어렵고, 입문하기가 어려우며, 주공(周公)과 공자도 알지 못했습니다"라고 했다.[17]

이 책에서는 세계 각국에서 행해지고 있는 모든 교설(教說) 체계 중에서 불교가 가장 뛰어난 것이라고 주장하고 있다.

현존하는 두 번째로 오래된 일본 역사서다. 덴무(天武) 천황의 명으로 도네리 친왕(舍人親王) 등이 중심이 되어 편찬했다. 680년경에 시작하여 720년에 완성했다. 일본의 신화시대부터 지토 천황 시대까지를 다룬다. 왕실을 중심으로 순한문의 편년체(編年體)로 구성되어 있으며, 전 30권과 계도(系圖) 1권으로 이루어져 있지만 계도는 현재 전해지지 않는다. 편찬 자료로는 제기(帝紀), 구사(舊辭), 제가(諸家)의 전승기록(傳承記錄), 정부의 공식기록, 개인의 수기(手記), 사원(寺院)의 내력 등을 기초로 하고, 특히 『백제기(百濟記)』, 『백제본기(百濟本記)』, 『백제신찬(百濟新撰)』 등 한국의 사료(史料)와 『위서(魏書)』, 『진서(晉書)』 등 중국의 사서(史書)를 병용하고 있어 일본에서 비교적 객관적으로 저술한 역사서라고 자부하고 있다. 그러나 이 책에 서술된 한국과의 관계는 진구황후(神功皇后)가 신라를 정복했다는 대목이 있고 연대(年代)도 백제의 기년(紀年)과는 약 120년의 차이가 있어 한국 학자 중에는 사서(史書)가 아니라 사서(詐書)라고 혹평하는 이도 있다.(위키백과사전 참조)

16) 희씨는 해(解)씨의 오전일 것이다. 희씨는 주(周) 왕실의 성씨이며, 해씨는 백제 8대 성의 하나로 알려져 있다.(전용신 역, 『완역 일본서기』, 1992, p. 336 주석 참조)[옮긴이 주석]

17) 『일본서기』의 인용문은 『日本古典文學體系』 68, 岩波書店, 1965, p. 100 이하에 의함.

이는 이미 학자들이 지적한 바와 같이[18] 의정(義浄) 역(譯) 『금광명최승왕경(金光明最勝王經)』에 의한 것인데, 산스크리트 원문을 번역한 내용은 다음과 같다.

릿차비 왕자여, 그대는 들어라. 이 『금광명최승왕경』은 일체 성문(聲聞)-독각(獨覺)도 이해하기 어려운 것이며, 사람들이 그와 같은 수많은 공덕(복덕)을 갖춘 것으로 전한다.[19]

백제 국왕은 일본 천황에게 계속해서 말하고 있다.

이 법은 능히 헤아릴 수 없이 한없는 복덕과 과보를 낳고 또 무상보리를 성취할 수 있습니다. 예컨대 사람들이 마음대로 할 수 있는 보배(여의주)를 품고, 필요에 따라 모두 마음먹은 대로 되는 것과 같이 이 묘법(妙法)의 보물도 마찬가지입니다. 마음껏 기원해 모자람이 없습니다.

여기에서는 두 번째로 불교가 인간이 원하는 목적을 달성하는 것으로 설파하고 있다. 인생의 목적으로 현세적인 복덕이나 과보 같은 이익을 원하는 사람들도 있으나 불교는 그것을 성취시켜주기도 하며 깨달음

18) 이에 관해서는 나카무라 하지메, 『일본인의 사유방법』, pp. 204-205 참조.

19) ZRunu tvaM LitsvikumAra SuvarNaprabhAsottamasUtraM durvjJeyaM sarvaZrAvka-pratyekabuddhAnAM tAdRZair lakaSaNaguNaiH samanvAgataM kila SuvrNprabhAsottmasUtraM bhAvayiSyati. SuvarNaprprabhAsa, II. (SuvarNaprprabhAsa-SUtra, ed.by B. Nanjio and Hokei Izumi, Kyoto, The Eastern Buddhist Society, 1931, p. 12)

도 얻게 한다는 것이다. 그리고 인간이 원함에 따라 성취시켜준다는 것이다.

『금광명최승왕경』의 산스크리트 원본의 번역 내용은 다음과 같다.

> 마치 제왕(諸王)의 손아귀에 있는 보물이 일체의 경을 제어하고 있는 것과 같이 이 「금광명최승」이라는 「제왕경」도 마찬가지다.[20]

백제왕의 문장은 다음과 같이 계속된다.

> 그것은 멀리 천축(天竺)에서부터 여기 삼한(三韓)에 이르기까지, 가르침에 따라 지키고 존경하지 않은 자가 없었습니다. 이로 인해 백제왕 신하 명(明)은 삼가 배신(陪臣) 노리사치계(怒唎斯致契)를 보내 조정에 전해드려 국내에 유통시키고자 합니다. 부처님께서 "나의 가르침인 법이 동쪽에 전해질 것이다"라고 말씀하신 것을 실현시키는 것입니다.

여기에서는 세 번째로 불교가 여러 나라를 거쳐 보편성을 갖고 있다는 것을 주장하고 있다.

일본 황실에서는 이 불교 전래에 강한 충격을 받았다. 이날 천황은 다 듣고 나서 환희해 차 대단히 기뻐하여 백제의 사신을 불러 말하기를 "내가 예전부터 오늘에 이르기까지 이같이 미묘한 법을 들은 일이 없다"

---

20) Yathiva hi ratnakaraNDaH sarvartnAkAraH, karatnalasthaH, tathaivAyaM sUtrendrarAja-suvarNaprabhAsottamo aRpagaNAm. SuvarNaprprabhAsa, VII, 14 (ibid., p. 93)

고 했다. 여기서부터 일본 불교가 시작되었다.

이 같은 기사도 『금광명최승왕경』에 의거하는데, 원본인 산스크리트 원문 번역 내용은 다음과 같다.

> 이때 사대왕(四大王)은 세존 앞에 이들 게문을 들으시고 희유함을 얻었으며, 미증유(未曾有)의 환희를 얻었다.[21]

위의 여러 문장은 반드시 당시의 실정이나 문장을 그대로 전하는 것이 아니라 의정(義浄, 635~713)[22] 역 『금광명최승왕경』 문장에 의거해 구성된 것이다. 백제왕의 원상표문(原上表文)이 아니라고 하는데, 『일본서기』를 만들 때 일본인이 불교 전래가 이 같은 의미를 갖고 있다고 생각했다는 사실은 부정할 수 없다.

여하튼간에 인도에서 시작되어 중국, 한국, 일본에 이르기까지 같은 보편 종교의 의식이 지배하고 있었던 것이 여기에서 분명히 드러나고 있음을 볼 수 있다. 다시 말해 이 시대는 '아시아는 하나'였다.

다만 백제와 일본 간의 교류는 반드시 모두 로맨틱한 것은 아니었던 듯하다. 백제왕은 일본에서 간 대별왕(大別王) 등이 귀국할 때 약간의

---

21) āthaM khalu catvāro maharaja bhagavato 'ntikād imā evaMrUpa gātahāH Zrutvā'Zcaryaprāptā babhUvur adbhUtaprāptāudvilyaprāptāH···. Suvarṇaprprabhāsa, VII, 14 (ibid., p. 94)

22) 중국 당나라 시대 승려. 산동성(山東省) 출신으로 속성(俗姓)은 장(張)씨다. 법현과 현장의 위업을 동경해 계율 연구에 뜻을 두고 37세에 중국 광주(廣州)에서 해로를 거쳐 인도에 건너가 25년에 걸쳐 30여 국을 순례한 후, 695년 많은 수의 산스크리트 경전을 수집해 중국 낙양(洛陽)에 귀국한 다음 산스크리트 원문을 자료로 많은 경전을 번역했다.(옮긴이 주석)

경전과 율사(律師), 선사(禪師), 비구니, 주술사(呪術師), 불상 조각가, 사원 건축가 여섯 명을 일본 조정에 바친 기록이 남아있다.[23] 승니(僧尼)도 기술자도 권력층에 의해 보통 물건같이 증여(贈與) 대상이었다.

이후에도 한국에서 일본으로 건너간 승려가 있었다. 예컨대 비다쓰(敏達) 천황 12년에 백제에서 도일한 일라(日羅)[24]는 중요한 인물이었는데, 그 존상은 현재 다치바나데라(橘寺)[25]에 보존되어 있다.

일본 불교는 쇼토쿠 태자(聖德太子)[26] 시대부터 성행하는데, 스이고(推古, 재위 592~628) 천황 3년 5월에 고구려 승려 혜자(慧慈)가 일본에 오자 쇼토쿠 태자는 그를 '스승'으로 삼았다. 그리고 같은 해에 백제 승려 자총(慈聰)도 일본에 왔는데, 그 역시 똑같이 중히 여겼다고 한다.

신라는 서기 616년과 623년에 계속해서 일본에 사절들을 파견하고 불상 등을 전해 양국 간에는 갑자기 불교 교류가 매우 융성해졌다. 그

---

23) 『尼僧史』 중에서 「日本佛教の尼僧」, p. 112.

24) 당시 스이고(推古) 천황 치하에서 섭정(攝政)으로 귀족 소가노 우마코(蘇我馬子)와 협조해 정치를 했으며, 국제적 긴장 속에서도 수나라에 견수사(遣隋使)를 파견하는 등 대륙의 선진 문화와 제도를 받아들여 천황을 중심으로 한 중앙집권 국가체제 확립을 도모했다. 또 독실하게 불교를 신앙했으며, 그 문화 발전의 초석을 만들었다. 이 같은 지략적, 정치적, 과학적 및 현실적인 국가 운영에 의한 그의 정신적 영향은 일본 민족 속에 깊이 뿌리 내려 있으므로 그에 대한 존경심은 오늘날 일본 민중 가운데 단절됨 없이 그 맥락을 유지하고 있다. 반면, 그에 대한 전설은 많은 설들이 가설과 진설이 분분함도 사실이다.(옮긴이 주석)

25) 일본 나라(奈良)현에 있는 천태종 사원. 정식 이름은 불정산 상궁황원 보리사(佛頭山 上宮皇院 菩提寺)로 창건 연대는 확실하지 않지만, 쇼토쿠 태자가 자신의 탄생지에 건립한 사원이라고 전해진다. 606년에는 쇼토쿠 태자가 승만경(勝鬘經)을 강의했다고 전한다. 望月信亨, 『佛教大辭典』 제5권, p. 4088.

26) 쇼토쿠 태자(574~622)는 고대 일본 아스카(飛鳥)시대(593~710)의 황족(皇族)이며 정치가. 요메이(用明) 천황의 둘째 아들로 모친은 긴메이(欽明) 천황의 황녀 아나호베노하시히토(穴穗部間人)다.(옮긴이 주석)

리고 658년에는 지통(智通)과 지달(智達) 등이 신라의 배를 타고 당나라에 갔다. 7세기 후반 신라에 유학한 일본의 학승들은 관련 문헌에서 확인할 수 있는 것만 해도 13명에 달한다고 한다.

그런데 한국 역사에서 쇼토쿠 태자와 비교할 수 있는 사람을 찾아보면 신라시대 법흥왕(514~540년 통치)과 진흥왕(540~578년 통치)을 들 수 있다. 법흥왕 이전의 한반도에서는 고구려, 백제, 신라 3국이 대립 상태에 있었으나, 이것을 한 나라로 통일한 것이 이 왕들의 통치 시대라고 한다.

쇼토쿠 태자에게는 한반도에서 온 혜자와 혜총 같은 스승이 있었던 것처럼 법흥왕에게는 아도화상(阿道和尙)이라는 스승이 있었다. 그는 중국 진(晉)나라에 유학한 후 돌아왔다. 법흥왕의 '법흥(法興)'이라는 이름은 쇼토쿠 태자와 깊은 인연이 있는 호류지(法隆寺)와 홋기지(法起寺) 등을 상기시킨다. 쇼토쿠 태자와 깊은 인연이 있는 불교 사원에는 '법(法)' 자가 붙는 이름이 많다. 즉, 한국이나 일본에서도 보편적 이법(理法)을 표면에 내건 것이다. 그 밖에 위에서 열거한 사실은 각각 쇼토쿠 태자에 대응한 것이며, 연대적으로는 쇼토쿠 태자보다 조금 빠른 시기였다.

어찌됐건 간에 한국 역사상의 이 같은 제왕들을 쇼토쿠 태자와 비교함으로써 한국 불교의 특징을 명확히 할 수 있으며, 쇼토쿠 태자의 독자성을 부각시키는 데 힘이 될 것이다.

고려 태조(太祖, 재위 918~943) 시기 이후 궁중에서는 불교 법회를 개최했다. 화엄(華嚴)법회 또는 무차대회(無遮大會)가 창설되기도 했다. 또 성종(成宗, 재위 981~997) 때는 정월과 5월 그리고 9월에 6재일(齋日)을 정해 일체의 살생을 금지했다.[27] 일본에서도 정월과 5월 그리고 9월에는 특별한 법회를 행하는 달로 정해져 있다. 법회의 목적과 내용은 기복, 재앙회피, 전사자에 대한 진혼, 전염병 예방 및 치유, 독경, 승려에 대한 보시, 영혼 천도, 참회, 수계, 기우제 등인데, 일본에서도 헤이안(平安, 794~1192)시대에는 거의 같은 제도가 있었다.

일본의 가마쿠라(鎌倉, 1192~1333)시대에 대응하는 한국의 고려시대 승려 제도에 의하면, 처음 득도한 후에는 득도한 사원을 관할하는 본사에 승적을 편입시키는 관습이 있어 한번 승적을 편입시킨 후에는 쉽게 바꿀 수 없었다. 만약 승적을 이동시키려면, 왕의 허가를 받아야 했다고 한다.[28] 이 같은 제도도 일본의 경우와 비슷하다.

그러나 한국에서는 한국 독자적인 것이 있다. 실제로 한국의 불교 사원에서는 중국 불교나 일본 불교와 다른 독자적인 분위가 있다. 그러나 한국인은 굳이 그러한 독자성을 주장하지 않았다. 불교 경전을 한국어로 번역하는 것은 근년에 이르기까지 행해지지 않았다. 『해동고승전(海東高僧傳)』에서는 다음과 같이 말하고 있다.

> 그 예전의 양나라 또는 당나라 그리고 송나라의 세 고승전을 생각해보면 모두 '역경(譯經) 편'이 있지만, 우리나라(한국)에서는 번역함이 없음을 가지고 그 분과(分科)를 알도록 한다.[29]

27) 中吉功, 『海東の佛教』, 東京: 國書刊行會, 1973. 2, p. 33.

28) 前揚書, p. 59.

29) 『海東高僧傳』 제1권(大正臧 50권, p. 101下)

일본에서도 그 사정은 마찬가지다. 그러나 일본의 불교도들은 전기(傳記)작가들이라 해도 일본의 독자성과 특수성을 주장하려고 했다. 그러나 『해동고승전』에서는 그 흔적을 전혀 찾아볼 수 없다. 그들은 오직 보편성만을 자각하고 있었다.

일본 불교가 한국과 발전 선상에 있다고 하는 것은 조형미술 작품이 가장 확실하게 제시해주고 있다. 교토(京都) 고류지(廣隆寺)에 있는 미륵보살반가사유상은 일본 국보 제1호인데, 그 모습은 서울 국립중앙박물관에 소장하고 있는 삼국시대의 금동미륵반가사유상과 똑같다. 불상에 관해서는 하나하나 헤아릴 수 없을 정도이지만, 일본의 나라(奈良) 및 그 주변의 불교 사원들은 고대의 한국 사원을 상당히 모조한 것임이 오늘날 고고학적으로 입증되고 있다.

그 당시의 불교는 보편적인 문화 체계로 널리 퍼져있었다. 경주 불국사의 승원(僧院)에서 조용히 걸으면서 휴식을 취하고 있으면, 거기에서 느끼는 분위기는 일본 나라의 고사(古寺)를 연상케 한다. 한일 양국 불교 사원의 가람 구조의 유사함에 관해서는 이미 연구되고 있는데, 일본 나라의 여러 사원과 사천왕사(四天王寺) 경내는 4각으로 남쪽 중앙에 남대문이 있으며, 그 문이 주황색으로 채색되어 있음도 한국 사원에서 쉽게 찾아볼 수 있는 모습이다. '남대문'이라는 명칭은 오늘날 한국에서도 그대로 사용되고 있다. 이 밖에도 글로 표현하기 어려운 조용하고 간소하며 침착하고 정적인 분위기는 나라의 고찰들과 꼭 닮았음을 떠올리게 한다.

그러나 근대화의 진전과 교통 발달로 인해 최근에는 관광객이 증가해 각 사원들이 신앙과 수행의 도량이라기보다는 관광 대상으로 보이는 경향이 나타나게 된 것은 한국 역시 일본과 마찬가지 현상이다. 다만 한국은 아직도 일본 정도로 관광 사원으로 변천되지는 않았다.

한국의 거리를 걸으면서 놀라움을 금할 길이 없었던 것은 일본 나라현 호류지에 있는 유메도노(夢殿) 같은 8각형으로 된 정자를 여기저기서 볼 수 있었던 것이다. 조용한 연못 주위는 휴식처 등으로 꾸며져 있는데, 주위의 경치와 실로 멋진 조화를 이루고 있다. 한국에서는 필경 이 같은 형식이 전통적일 것이다. 일본인의 정신적 명상의 상징인 나라 호류지의 유메도노도 그 원형은 한국에서 찾아볼 수 있었다. 다만 일본에서는 이 팔각정 양식이 선조에 대한 추모를 위해 보존하고 있음이 한국과 다른 점이라 할 수 있다.

일본 나라현의 전통적 · 고전적 불교 사원이 일본인의 마음의 안식처라고 생각하고 있었는데, 실은 한국의 전통적 · 고전적 사원의 이입(移入) · 모사(模寫)라고 함이 적절하다고 생각한다. 그러나 나라현의 전통적 · 고전적 불교 사원이 한국의 전통적 · 고전적 사원을 그대로 이입 · 모사했을 리 없다. 직수입했다고 해도 그사이에 반드시 한국과는 다른 방법으로 손을 보았음에 틀림없다. 이에 우리는 일본적인 특징을 찾아낼 수 있을 것이다. 다시 말해 한국 불교를 연구하지 않고서는 일본 불교를 알 수 없다는 것이다.

3
한국 불교의 사상경향

한국에서는 큰 사원들이 대부분 심산유곡에 있다. 많은 사람들이 혼란을 피해 마음의 안정을 구하는 장소이기도 했다. 『고려대장경』을 소장 · 보존하고 있는 유명한 해인사도 깊은 산속에 위치하고 있다. 또 경주에 있는 유명한 석굴암도 역시 99개의 굽잇길을 돌아 올라간 산꼭대기에 위치하고 있다. 정말 99개의 굽잇길인지 직접 세어보지 않았으므로 그 정확성은 단언할 수 없으나 감각적으로는 그 수와 비슷하다고 본다. 그 밖에 한국의 유명한 사원들은 심산유곡에 위치한 곳이 많다.

그러나 결코 일반 민중과 무연(無緣)하지는 않았다. 한국 고대의 신라시대에는 집집마다 불상을 안치해놓고 매일같이 참배했으며, 이 같은 생활습관은 점차 정착되었다. 그리고 고려시대의 의천(義天, 1055~1101)이나 지눌(知訥, 1158~1210) 등에 의해 한국적인 불교를 확립한 것이 중요하다. 이로 인해 불교가 일반 민중 속에 뿌리를 내리게 되었기 때문이다. 한편 불교 발상지였던 인도에서는 불교가 일반 민중 속에 뿌리를 내릴 수 없었기 때문에 이 시대부터 불교가 소실되고 말았다.

아시아의 어떤 나라에서도 근세에 이르러 불교의 사회성이 강해지게 되었다. 한국에서도 조선 말기에는 거사(居士)불교가 증대되어 승려들이 발우 등의 식기를 만들기도 하고, 메주를 만들어서 팔기도 하는 등 생업에 종사했다.[30] 그러나 이 같은 경향이 현대에서도 주류를 점유하고 있다고는 할 수 없다. 다만 일반 민중과의 접촉이 강해지고 있다는 것은 사실이다.

불교가 왕실과 귀족들의 보호에 의해 장엄하고 웅대한 사원이 만들어져 이들 대사원 내부에서 학승들이 불교 교리를 중심으로 한 학문에 전념했다고 하는 것은 중국에서는 수나라 또는 당나라, 한국에서는 신라, 일본에서는 아스카(飛鳥, 593~710) 왕조와 나라(奈良, 710~784) 왕조 시대 불교에 공통된 현상이었다. 그러나 그 당시의 불교가 반드시 일반 민중에 침투되었다고는 볼 수 없다. 남아시아 여러 나라는 불교의 발전이 늦어졌으므로 아직 중국이나 한국 또는 일본 같은 교학의 성립에 이르지 못했다. 인도에서는 이에 대응하는 것으로 거의 굽타(Gupta) 왕조[31] 전후

---

30) 高橋亨, 『李朝佛教』, 東京: 國書刊行會, 1973, pp. 775-781.

31) 마우리야 왕조가 붕괴한 후 북인도 및 중인도에는 이민족들에 의한 침략이 빈번해져 불안정한 정세가 계속되고 있었는데, 찬드라굽타 1세(Candragupta, 재위 320~335)가 굽타 왕조를 창설해 파아타리푸트라에 도읍을 정했다. 그 아들 사무드라굽타(Samudragupta, 재위 335~375)가 남북 인도에 지배권을 확대하여 마가다의 왕통을 계승한 통일국가가 수백 년 만에 성립했다. 이 왕조는 사회를 안정시키는 기초 이론으로서 예부터 전해오는 바라문교를 부흥시켰다. 사회조직에 관해서는 사성(四姓, 바루나)별로 각자의 역할을 규정지은 『야쥬냐바르키야 법전』 등의 법전(法典)[다르마 샤슈우트라]이 정비되고, 또 실리론(實利論, 아르타 샤슈우트라)에 속하는 정치론도 제작되었다. 바라문교 계통의 여러 학파의 체계도 일단 완성되었으며, 많은 토착신앙이 바라문교학을 입증하면서 힌두교의 여러 종파 속에 재편성시켰다. 고전문화가 크게 발전한 이 시대에는 바라문들의 공통어인 산스크리트어가 인도 전역에서 공용어로 지정되었다. 종래 각 지역에서 사용하는 언어로 성전을 전승해온 불교 학

의 불교 교학을 생각할 수 있을 것이다. 이 시대 인도에서는 여래장(如來藏)사상, 유식(唯識)교학, 후기 중관(中觀)교학이 섬세한 교리 체계로 완성되었는데, 그것이 바로 중국과 한국 또는 일본에 옮겨져 많은 종파의 교리체계를 성립시켰다.

이 같은 경로를 거쳐 불교 교리학뿐만 아니라 불교 의식과 의례도 크게 발전하게 되었다.[32]

궁전에서는 호화롭고 화려한 제식이 행해졌으며, 거대한 승방이 건설되었다. 승려들은 무장한 군인들과 함께 수도에 침입했다. 황태자의 사부(師傅)와 국가의 고문관에 승려들이 포함되어 있음은 일반적이었다. 만약 아들이 셋 있는 사람이 있으면, 그중 한 아들은 출가시켜야 한다는 법령을 발포했다고 한다.[33]

이 부분만 읽으면 일본사람들은 일본의 헤이안(平安, 794~1192)시대를 말하는 것이 아닌가 하고 생각하겠지만, 실은 같은 시대의 한국의 실정을 말하고 있다.

중국의 육조(六朝)시대[34]에는 미륵정토에 대한 신앙과 아미타정토에

자나 승려들도 산스크리트를 사용해 성전을 전승시켜 논장 등을 저술하게 되었다. 5세기 말에 흉노들과 친척 관계에 있었던 에프타르인이 인도 서북지방에 침입해 드디어 이 제국은 분열 상태에 빠져 결국 멸망하게 되었다.(옮긴이 주석)

32) 상세한 내용은 洪潤植, 『韓國佛教儀礼の研究』, 隆文館, 1976. 6.

33) Sir Charles Eliot, Hinduism and Buddhism, vol. III, New York, Barnes and Boble, p. 338.

34) 중국에서 후한(後漢)이 멸망한 뒤 수(隋)나라가 통일할 때까지 건업(建業) · 건양(建康)에 도읍했던 오(吳) · 동진(東晋) · 송(宋) · 제(齊) · 양(梁) · 진(陳)의 6왕조를 총칭하는 것.

대한 신앙이 병존해서 행해져 양자 사이에 대립하는 의식은 없었다. 그런데 육조시대 말부터 수(隋)나라와 당(唐)나라 시대에 걸쳐 이 두 신앙은 대립적이 되어 결국 아미타정토 관념이 우월하게 되었다. 일본에서도 거의 같은 발전 과정을 거쳐왔다. 그러나 한국의 정토교(淨土敎)에서는 이 미륵정토와 미타정토가 서로 모순됨 없이 평행선상에서 행해져 융합된 상태였다.[35)]

한국의 정토교는 원래 한 종파로 독립해 있던 것은 아니지만, 극락정토에 태어나기를 원하는 염불 법문만은 정토교 계통의 각 종파를 통해 행해지고 있었다. 예컨대 보조국사 지눌(일본 불교 선종의 조동종 개조인 도겐과 같은 시대)은 한국에서 선불교를 융성시킨 고승인데, 그는 뜻을 같이하는 사람들의 집단인 정혜결사(定慧結社)를 만들었다. 이 결사의 글 중에서 "때는 말법(末法)에 이르렀으니 올바른 법은 침체되어 숨겨지고, … 아미타 염불 정진은 적격이라 하겠다. 정토의 가르침을 배워야 한다"[36)]고 지적하고 있다.

또 서산대사는 "아미타불은 서방세계에서 맞이하는 것이 아니라 우리 몸 자체가 원래 아미타불이다. 염불은 우리의 몸을 깨끗이 해주는 것이므로 참선과 염불은 취지에 따라 일치한다"[37)]고 말하고 있다.

(옮긴이 주석)

35) 源弘之, 「新羅淨土教の特色」, 金知見 · 蔡印幻 編, 『新羅佛教研究』, 東京: 山喜房, 1973, pp. 285-317.

36) 中切功, 『海東の佛教』, p. 92.

37) 高橋亨, 『李朝佛教』, pp. 388-409, 771.

중국에서 선(禪)은 소위 5가(家) 7종(宗)[38]이라는 분파를 형성했는데, 한국에서는 조계종이 주류이며, 분파 이전의 조계혜능(曹溪慧能)을 존중했다. 한국 이외의 나라들에서는 없어진 혜능 자신의 전적(典籍)[39]을 전하고 있다.

이에 대한 상세한 상황은 다음과 같다. 한국에서도 종파가 존재하고 있었다. 즉, 신라시대부터 고려 초기에 걸쳐 구산선문(九山禪門), 즉 가지산파(迦智山派), 실상산파(實相山派), 동리산파(桐裡山派), 성주산파(聖住山派), 사굴산파(闍崛山派), 사자산파(獅子山派), 봉림산파(鳳林山派), 수미산파(須弥山派), 희양산파(曦陽山派)가 각각 존재했다. 실제로는 이 같은 많은 종파의 명칭은 고려시대부터 형성되었다. 화엄종(華嚴業=宗), 유가종(瑜伽業), 율종(律業), 지념종(持念宗), 소승종(小乘業), 조계종(曹溪宗), 천태종(天台宗),

---

38) 오가(五家)란 남종선(南宗禪)에서 그 가풍(家風)을 달리하는 대표적인 계통을 말하는 것으로, 육조혜능(六祖慧能)의 문하인 남악회양(南岳懷讓) 계통에서 나온 위앙종(潙仰宗)과 임제종(臨濟宗), 청원행사(青原行思, ?~740) 계통에서 나온 조동종(曹洞宗), 운문종(雲門宗), 법안종(法眼宗)의 5개 종파를 가리키며, 송나라 시대에 형성된 임제종의 2개의 큰 계통인 황룡파(黄龍派)와 양기파(楊岐派) 2개를 더해 '오가칠종(五家七宗)'이라 부른다. 선종에서는 바소 도이쓰(馬祖道一)의 출현으로 깨달음과 일상생활이 다를 바 없음을 찾게 되었으며, 인격이 선풍(禪風)에 반영되는 길이 열렸다. 그러므로 당나라 말기부터 오대(五代)에 걸쳐 개성이 뚜렷한 많은 선사들의 활약을 볼 수 있는데, 선종에서는 스승과 제자 간의 관계가 극히 중요한 의미를 갖기 때문에 점차 계통에 따라 개성(가풍)이 형성되어 독특한 가풍을 갖는 대표적인 계통을 열거하는 시행도 하게 되었다. 호겐 몬에키(法眼文益, 885~958)의 『종문십규론(宗門十規論)』을 시작으로 '오가(五家)'도 그 하나에 지나지 않았으나, 송나라 시대 이후 종종 거론됨으로써 점차 정착해 선종에서 정설로 인정하게 되었다.
오가 중에서 송대에 융성한 것은 운문종과 임제종이었는데, 오료 에난(黄龍慧南, 1002~1069)과 요기 호에(楊岐方会, 992~1049)의 활약으로 점차 임제종이 우세하게 되었다. 황룡파와 양기파가 '오가'와 함께 나란히 기록된 것은 임제종이 선의 주류가 되었음을 보여주는 것이라 할 수 있다.(옮긴이 주석)

39) 예컨대 혜능 자신의 저술이 확실한 『금강반야경해의(解義)』가 바로 이것이다(金知見 · 蔡印幻 編, 『新羅佛教研究』, pp. 463-470).

남산종(南山宗), 자은종(慈恩宗), 시흥종(始興宗), 신인종(神印宗), 분황종(芬皇宗), 해동종(海東宗)이다. 계속해서 조선시대 태종 7년(1407)에는 조계종, 천태종, 화엄종, 자은종, 중신종(中神宗), 총지종(摠持宗), 시흥종이라는 7개 종파가 있었던 것을 알 수 있다.[40)]

이같이 많은 수가 존재한 종파는 조선시대의 억불숭유 정책에 의해 정리 · 통합되었다. 즉, 조계종, 천태종, 총지종의 3종파를 통합해서 '선종(禪宗)'이라는 명칭을 붙였다. 그리고 화엄종, 자은종, 중신종, 시흥종 4종파를 통합해 '교종(敎宗)'이라 불렀다. 그 후에도 이 같은 실정이 계속되었으나, 실제로는 억불숭유 정책 상태가 오랜 세월 동안 더욱 심해졌다. 그 뒤 1908년에는 새로이 원종(圓宗)을 창립했으나, 1910년 일본의 조동종과 결탁했다고 해 강한 반감에 맞닥뜨려 임제종을 창립했지만, 1년 남짓해서 조선총독부에 의해 선종과 교종 이외에는 인정하지 않는다고 해서 해체되고 말았다.

이같이 무종(無宗)과 무파(無派) 속에서도 그 법맥을 이어간 것은 조계종뿐이었다. 1941년 서울시에 소재한 조계사에서 한국 유일의 조계종을 재기시키게 되었다. 현재 한국에 존재하는 조계종을 제외한 많은 종파는 거의 1965년 이후에 창립된 종파다. 신라 · 고려시대에 그 뿌리를 두고 있는 불교 종단은 조계종이 유일하다고 할 수 있으며, 현재 다른 종단은 그 근원을 달리하고 있다.[41)]

가장 한국적인 선승으로 지명되는 매월당(梅月堂) 김시습(金時習, 雪岑,

40) 『太宗實錄』 권17, 47장 상 · 하.

41) 김영태, 『한국 불교사개설』, 서울: 경서원, 1989, pp. 265-327.

1435~1493)은 종래의 선방 수행 중에 '한 생각을 없앰'이라는 경지에 눈을 떠 적어도 '비사량 밑의 사량(非思量底思量)'의 실천을 중시하는 데 논박을 가했다. 그에 의하면 '사즉선(思卽禪)'이며, 선은 '생각하는 것' 이외에는 길이 없다는 것이다. "일반적으로 세상 사람들이 선을 '선정안한(禪定安閑)'이라는 뜻으로 부르고 있으나, 아직도 선이라는 글자는 다시 말해 '사수정려(思修靜慮)'라는 것을 알지 못하고 있다."[42] 이 같은 주장은 일본에서 흔히 볼 수 있는 "무념무상(無念無想)하라"는 가르침과 정면으로 대립하는 것이다.

'고승'이라고 불리는 사람들은 현세초월적인 반성(反省)을 지니고 있었다. 신라의 자장율사(慈藏律師, 590~658)는 인생무상을 느껴 출가 후 스스로 험난한 장소에서 홀로 지내며 고골관(枯骨觀)[43]을 수행했다. 이를 위해 가시덤불로 몸을 둘러싸고, 몸을 조금이라도 움직이면 가시 바늘에 찔리도록 해놓고 옷을 벗은 상태에서 참선했다고 한다.[44] 그러나 불교 수행자의 계율을 실어놓은 율장에는 이 같은 수행방법이 기록되어 있지 않다.

신라의 이색적인 학자승려인 원효(元曉, 617~688)[45]는 같은 학자승려 의상(義湘, 625~702)과 함께 중국 당나라에 유학하려고 길을 떠나는 도중에 묘지 부근에서 밤을 지내게 되었는데, 참을 수 없는 갈증으로 근처에 있었던 바가지에 남아있던 물을 마셔 그 갈증을 해소한 후, 이튿날 날이

42) 高橋亨, 『李朝佛教』, p. 194.

43) 『佛說觀佛三昧海經』 제2권(『大正新脩大藏經』 제15권) 참조.

44) 中吉功, 『海東の佛教』, p. 10.

45) 원효의 생애는 다채롭다. 鎌田茂雄, 『朝鮮佛教史』, 東京大學出版會, 1987. 2, pp. 74-80.

밝은 아침에 물이 담겨있던 바가지가 인간의 해골이었음을 알고 끔찍한 생각으로 구토증을 일으켰다. 이에 원효는 홀연히 깨달음을 얻어 "마음이 생기므로 많은 법이 생기는 것이다. … 삼계유심(三界唯心), 만법유식(萬法唯識)이다. 마음 밖에 그 법이 없으며, 그러하거늘 어찌 마음 밖에서 법을 구할 필요가 있을 것인가"라고 하고, 당나라 유학을 포기하고 경주로 돌아갔다고 한다. 이 이야기는 한국 내에서는 대단히 유명한 이야기이지만, 『송고승전(宋高僧傳)』 제4권[46] 의상전(義湘傳)에서는 그들 두 사람이 묘지 가운데에서 밤을 지냈다고만 기록되어 있다. 어찌됐건 간에 이 또한 현세를 초월한 극적인 깨달음에 관한 이야기라 할 수 있다.

그리고 이러한 현세초월적 경향은 그 나름대로 의의를 지니고 있다. 현대에도 예컨대 1988년 규탄되었던 한국의 전 대통령이 서울을 떠나 자리 잡은 곳은 깊은 산속의 조그만 불교 사원이었다. 그러나 그는 원래 기독교인이었던 것이 중요한 의미를 갖는다고 할 수 있다.

한국에서는 역대 어느 임금이 '화(和)'사상을 설했는지는 분명하지 않다. 그러나 신라가 한반도 전체를 통일한 후 화(和)사상을 명확히 표명한 것은 원효의 『십문화쟁론(十門和諍論)』이다. 그것은 "백가(百家)의 틀린 쟁론(爭論)을 화(和)한다"는 것을 목적으로 하고 있다. 그 취지는 다수의 견해와 논쟁이 발생했을 때, 만약 유견(有見, 유를 세우는 견해)에 의견을 같이한다면 공견(空見)과 다른 것이 되고, 또 공집[空執, 공(空)에 집착하는 견해]에 의견을 같이한다면 유집(有執)과 다른 것이 된다. 그 양쪽을 동일하게 하려면, 그 자체에서 또 논쟁이 일어나고, 또 그 양측이 다르다 하면, 이 양

46) 『大正新脩大藏經』 제50권, p. 729上.

측의 견해는 항상 충돌하게 된다. 그러므로 이들 양측을 비동(非同)과 비이(非異), 즉 같지도 않고 다르지도 않게 말하지 않으면 안 된다. 다르지 않도록 하기 때문에 양측 주장자의 입장을 인정해주는 것이 된다. 또 같지 않도록 하기 때문에 "도리에 어긋나지 않는다"는 것이다.[47)]

47) 金彊模,「新羅元曉の文學觀」, 金知見 · 蔡印幻 編,『新羅佛教硏究』, pp. 130-136.

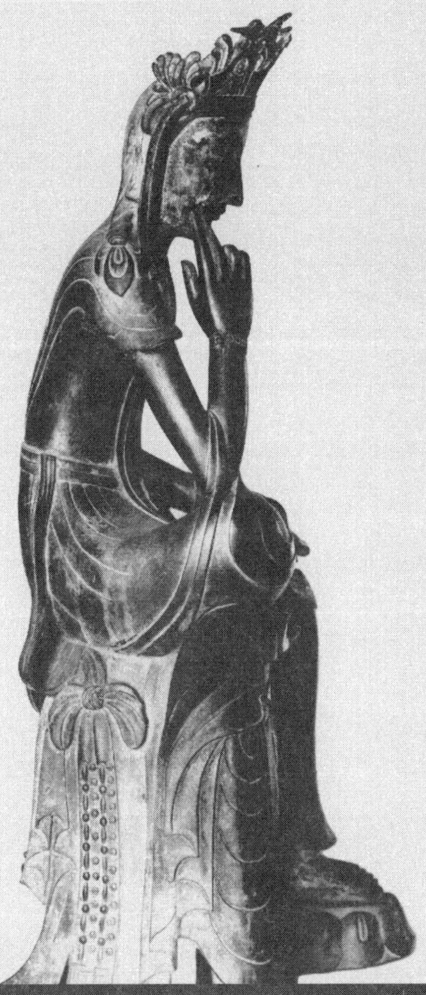

2장

현대에 이르는 사유(思惟)의 여러 특징

서론:
변모하는 한국

한국은 지금도 급속히 계속 발전하고 있다. 서울에 빗살과 같이 빽빽하게 들어선 고층 빌딩은 한국의 발전을 상징하는 전형적인 모습이라 할 수 있을 것이다. 저자가 한국 땅을 여행할 때마다 한국이 전체적으로 건전하고 청결한 나라임을 알고 깊은 감동을 받았다. 이는 지금까지 일본인이 일반적으로 가지고 있는 이미지와는 상당한 차이가 있음을 의미한다.[1)]

한국 전체가 활기에 차있고 일본의 도카이도 신칸센(東海道新幹線)[2)]

1) 일본인은 일반적으로 한국인이 불결하고 일본인과는 다른 생활습성이 있으며, 전통적인 일본인과는 공유할 수 없다는 잘못된 감정이 있음을 의미한다고 볼 수 있다. 현재는 많은 변화로 이 같은 사고방식이 완전히 소멸됐다고까지는 말할 수 없지만, 이런 생각이 개선되고 있다고 할 수 있다.(옮긴이 주석)

2) 도쿄(東京)역에서 신오사카(新大阪)역을 잇는 도카이여객철도(東海旅客鐵道, JR東海)의 고속철도 노선 및 열차(신칸센, 新幹線)를 의미한다. 총칭하여 '도카이도 산요 신칸센'이라고도 한다. 1959년 4월 20일에 공사를 시작해 도쿄 올림픽 개막 직전인 1964년 10월 1일에 개통해 지금은 일본 전국 주요 도시가 이 신칸센을 모체로 한 열차가 시속 250킬로미터 주행

같은 뛰어난 고속 급행열차도 달리고 있지만, 철도 양쪽에 번잡한 광고를 찾아보기 어렵다. 시원한 공간들이다. 도로 또한 청결하다. 젊은이들의 기풍 또한 그러하다. 히피족 같은 사람들은 한 명도 볼 수 없었다. 그것은 히피족 같은 모습을 한 사람이 있으면 경찰이 바리캉으로 머리를 깎아버리기 때문에 이발소에 가지 않으면 안 된다. 대학교에서 소동이 일어나면 반드시 진정된다. 그 이유는 폭력적인 학생운동을 하는 사람은 대학생으로서 징병 연기의 특혜가 정지되어 즉시 군대에 가지 않으면 안 되기 때문이다. 그러므로 젊은이들은 예의가 밝고 질서를 잘 지킨다. 불건전한 영화는 상영이 금지되어 있다. 한편 일본의 현 실정을 보면 지금은 번영을 자랑하고 있는 일본의 조락(凋落)이 의외로 빠를 것이며, 머잖은 시기에 아시아 여러 나라들이 발전 · 융성하는 시대가 올 것이라는 생각이 확실하게 들었다.

다만 한국은 사상적으로는 아직 암중모색(暗中模索) 상태에 있으며, 미국, 독일, 일본의 사상적 영향이 강한 것으로 보인다. 최근 한국이 정신적으로 가장 친근감을 가지고 있는 나라는 미국이다. 더글러스 맥아더 원수의 동상이 서 있는 모습은 그 무엇보다 그 사실을 시사하고 있다고 본다. [예컨대 일본에는 요시다 시게루(吉田茂, 1878~1967)[3]의 동상은 있으나, 맥아더 장군의 동상은 존재하지 않는다.] 그러나 오늘날 이 같은 한국인의 사상이 미묘한 변화

으로 연결되고 있다. 일본을 대표하는 고속전철.(옮긴이 주석)

3) 일본의 외교관 · 정치가로 제2차 세계대전 직후 외무부 장관. 1948~1954년에 걸쳐 연속으로 수상을 역임해 일관되게 친미정책을 추진했으며, 1951년 샌프란시스코 강화조약에 조인하기도 했다. 위대한 정치가로서 일본 국민의 많은 지지를 받은 사람으로 꼽히고 있다.(옮긴이 주석)

를 보여주고 있다.[4)]

한국에는 서독에 유학한 학자들이 의외로 많은 수를 차지하고 있는데 그 이유가 무엇인지 물었더니, "서독은 같은 민족 간에 동독과 서독으로 분단되어 괴로움을 겪고 있으며, 한국과 사정이 비슷하기 때문에 서독에 대해서는 특히 동정과 친근감이 있으며, 또 나라를 만드는 지혜를 배울 수 있기 때문"이라고 한다.

혼돈된 사상적 배경에서 서울에 있는 동국대학교에는 '비교사상연구소'가 개설되었다. 수염을 길게 길러 한국의 어른을 생각게 하는 서경수(徐景洙) 교수가 소장으로 취임해 활발한 연구 활동을 진행하고 있었는데, 1987년 사고로 사망해 애석함을 금할 길이 없다. 일본의 여러 대학에서는 서양사상을 답습하거나 동양의 고전 번역과 주석 연구에만 몰두하고 있는 데 비해 한국의 사상적 지도자들은 이 점에서도 한 걸음 더 나아가 큰 포석을 놓고 있음을 알 수 있다.

의외였던 것은 서울 거리에 내건 간판이나 표식들이 전부 한글로 되어 있었으며, 한문도 영문도 전부 없어져버렸다. 이 점에서 저자는 다른 어떤 나라에 갔을 때보다 소외감을 느꼈다. 일본과 가장 가까운 나라가 멀리 떨어져버린 느낌이었다. 내가 1971년 서울에 갔을 때, 오직 한 곳에 간판을 한문으로 쓴 건물을 발견하고 구원받은 느낌이었는데, 그곳

4) 최근에는 미국과 한국이 무역 마찰 및 정치적인 문제로 인해 지금까지 볼 수 없었던 반미 사상이 높아지고 있다. 그것은 1988년 서울 올림픽에서 응원하는 모습을 보면 알 수 있듯이 많은 한국 관중은 미국과 소련(당시)이 대결하고 있을 때는 일방적으로 소련 측을 응원할 정도다. 이것은 지금까지 찾아볼 수 없었던 반미 사상의 고조가 그 원인이기 때문이 아닌가라고 생각할 수 있을 것이다. 전통적인 반공사상을 중심으로 한 나라였던 한국 국민 사이에는 이 같은 풍조를 우려하는 목소리도 적지 않다.

은 '新民党本部'라고 쓰여 있었다. 당시 야당 본부였던 곳이었으므로 정부와 대립하고 있었던 곳이기도 했다. 다만 그 당시는 한문을 일소시키는 정부의 시책도 어느 정도 완화되고 있던 시기였던 것 같았다.

일본인 또는 일본 문화에 대한 증오감이 강한 것에도 놀라지 않을 수 없었다. 이 같은 사실에 관해 일본인은 지금까지 너무나도 무지했다고 말하지 않을 수 없을 것이다. 일본의 군부나 정치가들이 한국에서 어떤 악한 일을 해왔는지에 대해 일본인은 배우지 못했다. 일본 내부에서도 염증을 냈던 군부나 정치가였기 때문에 압박을 받았던 민족이 얼마나 증오하고 있었는가에 관해서는 생각되는 바가 적지 않다.

한국은 지금 상당한 속도로 변화되어가고 있다. 이 급격한 변화와 함께 미래를 향해 그 무엇인가를 탄생시킬 것으로 생각한다.

1
인간 결합 중시

(1) 가족 중시

바다 하나를 사이에 두고, 아니 해협 하나밖에 떨어져 있지 않으며, 일본인과 얼굴 생김도 같고 피부색도 같은데, 한국과 일본은 가족제도나 가족 간의 습관이 상당히 다르다.

한국의 가족 형태는 대체로 일본과 같으며, 장남이 가계를 계승하고 있다. 중국 민족과도 달라 대가족은 만들지 않는다.[5] 그러므로 기본적으로 일본인의 경우와 크게 다를 바 없다. 그러나 한국인이 혈연에 의한 연계성을 중시하는 것은 우리 일본인이 이해하고 있는 범위를 훨씬 넘어서고 있다. 부계(父系) 혈연으로 부친의 성씨를 따르고 있다. 부계 혈연의 자각과 긍지가 대단히 강하며, 실제로 딸의 남편인 사위를 양자로

---

5) 현재 중국은 대가족제도와 다른, 한 가족에 자녀를 하나 또는 둘만 두는 제도를 국책으로 권장하고 있다.(옮긴이 주석)

들이는 일은 일어나지 않는다.

일본에서는 예부터 가문의 도덕이 중시되어왔는데, 한국에서는 오히려 혈통을 중히 여기며 각 개인의 성씨를 바꾸지 않는다. 성씨를 바꾸는 한국인은 범죄자 등 종래의 이름으로 생활하기 곤란할 정도로 나쁜 행동을 한 사람들 또는 특별한 사정이 있는 사람들에 국한하고 있다. 일본의 예전 수상이던 기시(岸)[6] 씨가 사토(佐藤) 씨와 형제라는 것을 한국인은 좀처럼 이해하기 어려울 것이다. 내가 만난 어느 한국인에게 "기시 씨는 원래 사토 씨였는데 형이 기시 씨 집안에 양자로 들어갔으므로 기시 씨가 되었다"고 하니까 "그러면 기시 씨는 젊은 시절에 대단히 악한 일들을 했겠습니다"라고 말했다. 이 같은 사고방식을 가지고 있는 한국에서 과거 일본의 통치자들이 한국인의 성씨를 일본의 성씨로 바꾸어놓았으니, 심한 반감 정도가 아니라 증오심을 불러일으켰던 것이다. 이 점에서 인간 결합 조직으로서의 '집안[家]'을 중히 여겨 때로는 혈통을 무시하는 일본인의 경우는 이웃 나라 한국에 비해서도 독특하다고 할 수 있음과 동시에 이웃 나라에 관한 무지가 대단한 오해를 초래하고 있음에 주의하지 않으면 안 된다.

한국인은 선조 이래의 혈통을 중히 여기고 있다. 어느 정도 되는 가정에서는 족보(族譜)를 대단히 소중히 여겨 전통적인 기록 방법에 따라

---

6) 기시 노부스케(岸信介, 1896~1987)는 일본의 고급 관료 출신으로 뒤에 정치가가 되어 자민당 초대 간사장, 외무대신 등을 역임하고 제56·57대 내각 총리대신(수상)을 지냈다. 한일국교 정상 회복을 위해 강력한 리더십을 발휘했다. 여기에는 당시 한국 대통령이던 박정희 씨와의 깊은 친분에 따른 인맥관계가 많은 영향을 주었다고 한다. 이 같은 인맥을 활용해 한일국교 정상 회복 후에는 '한일협력위원회'를 조직해 정치 일선에서 물러난 뒤에도 한일관계에 중요한 역할을 했다.(옮긴이 주석)

묶은 방대한 서적을 만들어 전 가문이 소중하게 다룬다. (족보는 자신들의 문중 조상의 계보를 기록한 것으로, 선조들의 권세와 덕망을 구체적으로 기재해 그 문중의 사회적 위세의 근거를 삼으려는 것이다.) 족보에는 문중 전체의 개인 기록뿐만 아니라 특히 걸출하게 입신출세한 인물의 업적이 기록되어 있다.

한국인은 조상을 중히 여긴다. 다른 아시아 여러 나라의 지식인들은 선조들에게 얽매이지 않고 개인에 철저하려는 경향을 볼 수 있으나, 한국에서는 그 모습을 달리하고 있다. 개인으로서의 학자라 해도 살고 있는 당당한 저택 옆에는 조상을 모시는 사당이 있다.[7)]

"동성(同姓)과는 결혼하지 않는다"는 습속은 예부터 엄중히 지켜지고 있다. 종래의 습속은 동성 사람들과는 8대까지 결혼이 금지되어 있었다. 그러나 최근에는 법률이 개정되어 4대를 걸쳐 같은 계통의 친족이 아닐 경우에는 결혼 금지 조항에서 제외되었다. 즉, 좋아하는 남녀 간이라도 이러한 혼인 금지 조항에 저촉되어 같은 계통의 성씨일 때는 결혼할 수 없다는 것이다. 이 같은 사실은 감정보다 윤리가 우선하는 것을 시사한다.

한국인 및 중국 민족들 사이에서는 같은 가족 가운데에서 남편의 성씨와 아내의 성씨가 다르다. 그러나 일본에서는 결혼하게 되면 아내는 남편의 성을 따라 부르게 된다. 또 양자(養子)가 되어 입적(入籍)한 남편은 아내의 성씨를 따르게 된다. 저자는 부부가 같은 성씨를 갖고 호칭하는 것이 적어도 주관적 의식에서는 상호 간에 일체감을 느끼고 있다는 것을 표명하므로 가족 화합을 위해 바람직하다고 생각한다. 영어권에서

7) 李佑成, 旗田巍 監修, 鶴園裕他 譯,『韓國の歷史像』, 平凡社選書 109, 1987, p. 285.

도 'Mrs. 누구누구'라는 경우에는 남편의 개인 이름이나 아내의 개인 이름을 불러도 좋지만, 부부가 똑같은 성씨로 호칭한다. 결혼 전의 성씨를 보존하고 싶은 사람은 예전의 성씨를 새로운 성씨에 하이픈으로 연결한다. 그러므로 한국인 및 중국 민족의 습관을 우리 일본인은 충분히 이해할 수 없었다.

그런데 저자가 1986년 10월 두 번에 걸쳐 한국을 방문하면서, 일본의 가족제도에 대해 호된 비판이 있다는 것을 들었다. 그것은 자살 문제와 일가족 집단자살에 관한 것이었다. 일본은 고도의 물질적 번영을 향유하고 있는데, 자살하는 사람 수가 연간 1만 수천 명에 달하고 있다.[8] 한 가족의 집단자살도 끊이지 않고 있다. 그런데 경제발전에 뒤늦은 감이 있는 한국에서는 자살하는 사람들을 거의 찾아볼 수 없으며, 일가족 집단자살도 없다. 이 같은 현상은 무슨 이유일까? 사람이 자살하는 것은 사방팔방이 다 막혀버려 도저히 헤어날 길이 없기 때문이다. 한국에서는 모든 것이 막혀버려 어떻게 할 도리가 없을 정도가 되기 전에 일가친척들이 힘이 되어준다. 그러므로 자살하는 사람이 나오지 않는다고 한다.

한국에는 전통적인 가족주의가 살아있다. 대만은 말할 것도 없으며, 공산주의 치하에 있는 중화인민공화국에서도 가(家, family)는 존중되고 있다.

그런데 일본은 가족제도가 파괴되고 말았다. 일본은 이웃 나라들에 비해 혈통에 대한 존중이 그렇게 엄하지 않았지만, 제2차 세계대전의 패전과 함께 가족제도가 가루가 나고 말았다. 그러므로 어려움에 처해있

---

8) 2010년 현재 일본 내각부 통계에 의하면 연간 자살자 총수는 3만 1,690명에 달한다는 보고가 있다.(옮긴이 주석)

는 일가친척을 도와주지 않는다. 그것은 패전 후 일본을 통치했던 연합군 사령관 더글러스 맥아더 사령부의 직접적인 명령에 의한 것이었는지, 또는 그 의향에 영합(迎合)한 일본의 지도자들이었는지 확실치는 않지만, 직접적인 책임자는 패전 후의 제반 법률 제정자와 저널리즘일 것이다. 대만의 어떤 학자는 "맥아더 사령부가 한문을 전면적으로 폐지하는 정책을 실현하려고 했지만, 그것이 가능하지 않자 한문 사용을 제한했다고 하는데, 이 같은 움직임에 대한 이면의 동기는 전통적인 '효(孝)'사상과 도덕의식을 파괴하기 위해서가 아니었을까?"라고 말했다. 상세한 것은 잘 모르겠으나, 일가친척, 오랜 친구 또는 이웃, 주변 사람들에 대한 일체의 배려도 없이 오직 유산 상속과 재산 싸움에 정신이 없는 얄팍한 현대 일본인의 감정 또는 윤리감은 전쟁 패전의 결과 도덕성을 잃어버렸기 때문이 아닐까?

한국인은 동족(同族)의식이 대단히 강하다. 예컨대 전라남도 광주시에 '울산(蔚山) 김(金)씨 종친회'라는 간판이 걸려있는 건물이 있다. 한국인 전체에서 김씨는 가장 많은 수를 헤아릴 수 있는 성씨인데, 그중에서도 광주시 주변 지역에 거주하는 울산 김씨의 친목회라고 한다. 또 '황(黃)씨 전남 청년회'라는 간판도 볼 수 있었다. 이것은 전라남도에 거주하는 황씨 성을 가진 청년들의 단체라고 한다. 일본 또는 미국[9]에서도 이 같은 결합은 가끔 볼 수 있으나 주요 도시 중심지에 이같이 당당하게 간판을 내걸 정도로 돋보이지는 않는다.

---

9) 미국 뉴잉글랜드 코네티컷주의 명문인 '스캇더'라는 성씨를 가진 사람들은 The Scudder Association이라는 씨족 단체를 만들어 아시아에서 온 유학생들에게 장학금을 지급하고 있는데, 한국에서와 같이 하나의 큰 빌딩을 소유할 정도는 아니다.

일가친척들 간의 연대가 대단히 강하다는 것은 분명히 미덕이긴 하지만, 그런 반면에 폐해를 빚어낼 우려도 있다. 즉, 친척 관계로 인한 족벌주의(nepotism)다.

가족 관계에서도 한국인은 '같이 살자'는 것을 이상적으로 생각하고 있다. 또한 애정을 표할 때도 한국인은 서양 사람들처럼 아내 또는 남편을 향해 '달링(darling!)' 또는 '허니(honey!)'라고 공중의 면전에서는 절대로 부르지 않는다. 이 말을 대신하는 애정 표현은 "같이 살아갑시다"이다. 그러나 한국인은 공동사회 속에 매몰되어버리는 일도 없는 것 같다.

일본에서는 예컨대 어떤 회사원이 상사나 부하들과의 상이한 의견과 경쟁 때문에 딜레마에 빠져 고통을 받다가 결국은 자살해버리는 현상이 곧잘 보인다. 그런데 한국에서는 이 같은 현상은 좀처럼 찾아보기 힘든 일들이다. 즉, 중간 입장에 있는 사람은 상사나 부하들의 의향과 달리 각 개인이 독립적으로 생각한다. 이런 점에서는 개인주의다. 오히려 일반적인 서양 사람들과 비슷하다. 그것은 다시 말해 집단으로서의 힘이 그렇게 강하지 않다는 것으로도 이해할 수 있을 것이다.

(2) 일반적인 인간관계

계급적 신분 관계를 중시하는 것은 일본에서도 마찬가지이며, 한국에서도 사실상 똑같은 현상이 있었다. 역사적으로 고대 한국에서 카스트 제도와 씨족 제도에 대응하는 것으로 생각되는 '골품제(骨品制)'라는 제도가 존재하고 있었다. 그러나 불교 교단에서는 위로는 대선사(大禪師)부터 밑에는 이름도 없는 운수(雲水, 수행자)에 이르기까지 똑같은 색깔의 회색 승복을 입는다. 일본과 같이 승려의 계위에 따라 법복이 달라지는 일은 없다. 청정한 느낌을 준다. 계명(戒名)도 마찬가지다. 즉, 세속에서의 위계적 상하 관계를 보편적 종교 속에 끌어넣지 않고 있다.

한국인의 행동 양식을 규정하는 기본 원리가 반드시 가족주의는 아니다. 하물며 보편 종교의 철저하고 논리적 귀결인 개인주의도 아니다. 그것은 집단에 대한 공동 의식이다. 그것이 전형적으로 나타난 것은 신라가 한반도 전역을 처음으로 통일한 원동력이 된 화랑도라고도 할 수 있다. [그러나 한국 학자들은 화랑도는 일본인 학자들이 붙인 이름으로, 바르게는 '풍류도(風流道)'라고 해야 한다고 주장하고 있다.]

집단에 대한 절대 복종은 기마(騎馬)민족의 행동 윤리라고 볼 수 있다. (기마민족은 효도의 도덕을 그다음에 위치시키고 있다.) 그러한 행동 윤리가 후대까지 영향을 미치고 있다고 할 수 있다. 그리고 이것이 현저하게 한국적인 사유방법이라고 생각한다.

그런데 위에서 말한 집단 귀속 의식이 불교를 전면적으로 도입하는 것을 방해하고 있다고 생각한다. 한국의 어떤 지식인은 불교는 개인주의이며 쾌락주의라고 생각하고 있다고 말한다. 그 이유로 "자기 혼자 조용한 경지를 즐기고 있기 때문이다"라고 설명했다. 불교를 '쾌락주의(hedonism)'라고 단정지어버리는 사고방식은 한국인 이외의 다른 민족에서는 찾아볼 수 없다.

다만 힘에 의한 인간 결합 조직 옹호는 일본이 오히려 현저했다. 한국 민족은 무력에 의해 타국의 침략을 받는 입장이었다. 한국 민족이 적극적으로 남의 나라를 침략한 일은 없었다. 그러나 예전에 신라는 무력으로 백제를 멸망시켜 한반도 전체를 통일했다. 그 당시 일본의 파견 지원군도 함께 멸망시켰다. 그러나 바다 건너 일본을 공격 · 침략할 정도의 의욕은 가지고 있지 않았다.[10] 일본에서는 봉건 제후들이 성안에 살고 있었는데, 이중 삼중으로 파놓은 해자(垓字)에 둘러싸여 있었다. 한국에서는 궁전 둘레에 벽이 있고, 그 바깥에는 일반 길이 있다. 한국에는 인도의 아쿠바르 제왕[11]이 세운 거대한 성 같은 것은 존재하지 않았다. 한국은 어차피 무(武)의 나라는 아니었던 것 같다.

이 같은 경향이 미술 분야에 나타나는데, 한국에서는 도검(刀劍)을 소중하게 여기는 습속이 발달하지 않았다. 검(劍)에 관한 기술은 중국으로부터, 후에는 일본으로부터 받아들인 것이다. 신앙 면에서 한국에서는 부동명왕 신앙을 찾아볼 수 없다. 이런 점에서는 중국 민족의 경우와 마찬가지다. 또 대사원의 삼문(三門)[산문(山門)]에도 인왕(仁王)상이나 사천왕(四天王)상이 만들어져 있는데, 그 점에서는 일본과 비슷함에도 일본의 인왕상이나 사천왕상이 강건하고 남자답고 위엄이 당당한 데 비해 무언가 유머러스한 미소를 지으며 우스꽝스럽고 익살스러운 모습까지 보여주고 있다. 어떤 미국인이 한국의 사천왕상을 평하여 "미국인의 눈으로 보았을 때, 포복절도(preposterous)할 것"이라고 말했는데, 일본의 그것은 그 느낌이 완전히 다르다. 역시 일본은 무(武)의 나라였다고 생각한다.

---

10) 小林惠子, 『白村江の戰いと壬申の乱―唐初期の朝鮮三國と日本』, 現代新潮社, 1988, p. 143.

11) 쟈라룻딘 무함마드 아크바르(페르시아어: Jalālo'd-Dīn Mohammad Akbar, 1542~1605)는 무갈 제국의 3대 군주로 1556년부터 1605년까지 재위했다. 아라비아어로 '위대함'을 의미하는 아크바르에 걸맞게 중앙아시아에서 건너간 조부 바브르가 세운 무갈 왕조를 진정한 제국이라는 이름에 걸맞은 국가로서 발전시켜 '아쿠바르 대제(大帝, Akbar-e kabīr)'라고 불렸다. 또한 당연하겠지만, 이슬람교 신봉자이기도 했다.(옮긴이 주석)

사회 일반적으로 특정 개인과의 결부 관계는 일본처럼 강조되고 있지 않은 것 같지만, 예의를 중히 여기는 점에서는 아마도 일본 이상일 것이다. 한국인은 윗사람에 대해 예의를 잘 지킨다. 윗사람 앞에서는 무릎 꿇고 예의를 다한다. 또 윗사람을 높은 자리에서 내려다보는 것은 무례하게 여긴다. 이 점은 일본과 마찬가지다. 다만 한국에서도 상대방에게 경의를 표할 때는 두 손을 가지런히 겹친 후 가볍게 머리를 숙인다. 그러나 일본인처럼 머리를 아래로 깊이 숙이지는 않는다. 일본인은 공경하는 마음으로 더욱더 깊이 머리를 숙이며 절하는 인종이라고 할 수 있다. 그리고 그 같은 인사를 한다는 것은 예전에는 모든 민족이 행해온 습속이었으므로 이런 점에서 일본인은 대단히 보수적이라고도 할 수 있을 것이다.

그러나 예의를 지킨다는 것은 또 하나의 문제가 남는다. 오늘날의 한국인은 일반적으로 예의를 중히 여긴다. 일본 에도 시절의 도쿠가와 시대[12]에는 쓰시마(對馬)지방 관청을 통해 조선통신사가 공식적으로 일본 정부를 방문한 후 귀국해 감상문을 남겼는데, 거기에는 "일본인은 예의를 모른다"라고 비판하고 있다고 한다. 결국 예의를 존중하는 생각은 어떤 민족이든 가지고 있으나, '예의'라는 말이 의미하는 구체적인 내용이 민족에 따라 다른 것으로 보인다.

한국에서는 불교 사원 대법당 정면으로 들어가 참배해서는 안 된다. 안내인이 참배객들에게 "부디 정면 문으로 들어가십시오"라고 권하

12) 에도시대(江戸時代, 1603~1867)는 일본 역사에서 도쿠가와 이에야스(德川家康, 1542~1616) 장군을 초조(初祖)로 그 일족들을 중심으로 한 무신정권이 약 260년간 일본을 통치했던 시대를 말하며, '도쿠가와 시대'라고 말하기도 한다.(옮긴이 주석)

지만, 그것은 인사로 하는 말이다. 그러므로 참배객들은 사양하고 법당 옆문으로 들어가지 않으면 안 된다. 인사차 말한 것을 그대로 듣는 것은 실례다.

대인관계에서도 예의를 중히 여긴다. 예컨대 한국 불교에 관한 저자의 글을 보고 한국의 어떤 학자는 "잘못됐다"고는 말하지 않았다. 다만 "제가 배운 것은 조금 다릅니다"라고 말했을 따름이다.

봉사 정신은 한국 여성들의 예법에서 찾아볼 수 있다. 여성들이 정식 예법에 의해 앉는 방법은 오른 무릎을 세워 앉는 것이다. 이는 급한 용무가 있을 때 언제든지 바로 움직일 수 있다는 태도를 표시한 것이다. 같은 예법이라도 일본 여성들이 정숙하게 앉는 것은 마음가짐의 표시법이 한국인과 다르며, 또한 인도 여성들은 편히 주저앉는 것이 일반적이다.

근세에 이르러 불교가 배척을 받게 된 것도 인간 결합 조직을 파괴한다는 점이었다. 이 같은 사정을 이우성 씨는 다음과 같이 설명하고 있다.

> "신흥 사대부가 불교를 배격하면서도 자신들의 새로운 유학을 거론할 때 강조한 것은 현실적인 사회 윤리였다. 인간은 현실을 벗어나 살 수 없다. 가정에서는 가족에 대한 윤리, 국가와 사회에서는 군신(君臣) 간에 대한 윤리와 장유(長幼) 또는 벗[朋友]에 관한 윤리가 있어야 한다고 강하게 주장했다."[13]

한정된 인간관계뿐만 아니라 일반 사회를 향해 윤리 확립을 제의하

13) 李佑成, 前揭書, pp. 188-189.

는 사람들도 있었다. 그 대표적인 예로 이퇴계(李退溪)[14]는 특히 "인간의 마음을 깨닫게 해 올바른 배움을 열라"는 것을 행동의 지표로 삼고 인간의 마음을 맑고 올바르게 하지 않으면 안 되는데, 그 목적을 달성하기 위해서는 참된 성리학(性理學)[15]을 확립시키지 않으면 안 된다. 이러한 목적을 달성해야 이상적인 사회 건설이 가능하다고 생각했다.[16]

이퇴계는 당시 향교(鄕校)와 나라의 학부(學府)는 진정한 학습이 불가능하며, 오히려 유해(有害)하다고 판단했다. 그래서 향교나 국학(國學)과 직접 관계가 없는 서원(書院)이야말로 성리학의 온상이 될 수 있다고 생각했던 것 같다. 그 이유를 요약하면 다음과 같다.

제1. 향교와 나라의 학부로서의 성균관은 지방도시나 서울의 번화가에 위치하고 있어 언제나 많은 사람들 속에서 번잡한 분위기다. 이에 비해 서원은 대체로 계곡 또는 청유(淸幽)한 곳에 있으므로 조용하고 안정된 가운데 면학할 수 있다.

제2. 향교와 성균관은 나라의 제도와 규정에 얽매여 있으며 과거시험과 관련되어 있으므로 올바른 학문에 마음을 전념할 수 없는 데 비해 서원은 자유로운 분위기에서 출세주의를 떠나 순수한 학문과 수양을 통한 인간 형성이 가능하다는

---

14) 본명은 이황(李滉, 1501~1570)이며, 조선시대의 유학자. 퇴계는 호. 경북 안동 출신으로 한국 유학을 융성시킨 선구자로 추앙받고 있다.(옮긴이 주석)

15) 우주 원리로서의 '리(理)'를 규명하고 인간의 본성을 밝히려고 한 중국 송나라 시대부터 명나라 시대에 걸쳐 융성했던 유학의 한 학설로, 특히 송학의 중핵을 이루고 있다.(옮긴이 주석)

16) 李佑成, 前揭書, p. 202.

것이다.

특히 두 번째 이유는 서원의 가치를 결정적으로 표현했다고 말한다.[17] 이 방향의 운동은 진정한 민족의식과 공존하는 것이었다. 이퇴계는 자신의 조국을 사랑해 "우리나라는 성인(聖人)이 살려고 했던 곳(吾東聖欲居)"이라고 찬탄했다.[18]

오늘날에도 한국 국민이 도요토미 히데요시(豊臣秀吉)의 군대를 격파한 이순신이나 이토 히로부미(伊藤博文)를 암살한 안중근을 열광적으로 찬탄하고 있음을 생각하면, 그들의 애국심은 일본인은 생각할 수 없을 정도로 강렬하다. 일반 일본인은 맥아더를 그렇게 미워하지 않고 있으며, 원자폭탄 투하를 결정지은 미국 대통령을 크게 증오하고 있지도 않다. 그러므로 한국인의 원한에 대해 일반 일본인은 좀처럼 이해하기 어렵다.

일반인 사이에서도 적대시하는 사람에 대한 원한은 일본인의 경우보다 훨씬 강렬하다는 인상을 받는다. 예컨대 A와 B가 서로 사이가 좋지 않을 때, A는 C가 B와 사귀는 것을 극도로 싫어한다. 또 일본에서는 어떤 사람이 과실을 범하면 심하게 규탄하지만, 그 사람이 인책 사직하게 되면 책임 추궁이 약해지고 만다. 그러나 한국인은 끝끝내 책임 추궁을 멈추지 않는다는 인상을 준다. 1988년 일어난 전두한 전 대통령에 대한 심한 규탄도 일본인은 좀처럼 이해하기 어렵다.

---

17) 李佑成, 前揭書, p. 207.

18) 李佑成, 前揭書, pp. 202-203.

한국인이 인간관계를 중히 여기는 것은 종교 면에서는 관음신앙의 융성에 그 기초를 두고 있다고 생각한다. ① 강원도 보타 낙산사(의상대사 창건), ② 경상남도 남해 보리암, ③ 경기도 강화 보문사에는 관음보살을 안치해서 예배하고 있는데, 관음신앙의 3대 성지로 인식하고 있다. 그들은 언제나 『관음경』을 독송하고 있다.

(3) 장례와 불교

한국의 종교 상황은 일본과는 상당히 다르다. 한국에서는 종교 의례와 조상 숭배가 별도로 행해지고 있다. 한국에서 조상 숭배와 장례는 불교 사원과 관계가 없다.

또 한국에서는 '단가(檀家)제도'[19]라는 것이 없다.

일본인은 단가제도에 의해 지배자나 통치자에게 이용당했는데, 한

---

19) 이 제도는 근세 초기인 1664년 에도 도쿠가와 막부가 기독교 신앙을 금지하고 그 신도들에게 강제로 개종을 목적으로 각 불교 사원에 제정한 것이다. 구체적으로는 불교 신도임을 증명하는 신분제도를 불교 사원에 청부한 제도다. 이 제도가 확립되면서 일반 민중은 어느 절을 보리사(菩提寺)로 정해 그 절 신자인 단가가 될 것을 의무화했다. 사원에서는 현재의 호적에 상당하는 사원 문중인 별장이 작성되고, 여행이나 주거지 이동을 원할 때는 사원에서 발행하는 허가증이 필요했다. 그래서 가가호호에는 불상과 조상을 모신 불단이 모셔져 있었으며, 법요를 행할 때는 소속 사원의 승려를 불러 거행하는 관습이 정해져 있었고, 각 사원은 일정한 신도와 수입이 보장되는 형국이었다. 한편 사원 측에서는 신도들에 대한 교도를 실시해야 하는 책임을 지게 되었다. 불교 교단이 당시 정부의 통치 체제의 일익을 담당케 되었다. 승려를 통한 민중 관리가 법제화되어 사실상 당시 정부의 직접 기관이 되어 본래의 종교 활동이 허술해지고 부정부패의 온상이 되기도 했다. 이 같은 문제들이 결국 메이지유신 시대에 역사적 폐불정책을 야기했다고 한다. 이 같은 역사적 배경이 있기는 하나, 그 제도의 종교적 기본은 지금도 맥락을 유지하고 있는 실정이다.(옮긴이 주석)

국에 단가제도가 없다는 것은 불교가 세속적 권력과 그다지 긴밀하게 결합되지 않았음을 보여준다. 단가제도가 없으므로 사원 안에 묘지가 없다.[20] 묘지는 사원과 관계가 없다. 큰 사원 안에는 멀리서 보면 묘비처럼 보이는 것이 있으나 그것은 묘비가 아니라 비석이다.

그런데 사회 속에서 불교의 역할이 일본의 경우와는 상당히 다름을 알 수 있다. 한국에서는 장례식을 불교식이 아니라 유교식으로 행한다. 즉, 전통적인 한국 불교는 민중의 장례식과 관계가 없다. 그러나 민중이 원할 때는 장례식 또는 묘지 참배에 따른 법요식을 행하고 있다.

사원이나 불교가 장례와 떨어져 있는 것은 한국의 특수한 현상이다. 사원과 장례가 밀접한 관계인 것은 일본 불교의 특징인데, 중국에서도 도회지와 멀리 떨어진 지방의 농민들 사이에는 그 습성이 남아있으며, 남아시아의 태국 등에서는 사원 내의 별당에 유해를 안치해놓고 장례를 행하고 있다.

장례를 보편 종교에서 떼어놓는 습속을 어떻게 해석해야 좋을까. 장례는 부정한 것이며 현세적인 것이라고 생각한다면, 초시간적이고 유구한 것을 목표로 하는 불교로부터 차단하는 것은 쉽게 이해할 수 있는 일이 아닐까.

---

20) 그러나 최근의 한국 불교 사원에서는 공원묘지를 만들어 관리 유지하는 습성이 현실화되고 있다. 이 같은 제도는 일본의 단가제도를 본떠 한국적으로 창출시킨 제도라고 볼 수 있다. (옮긴이 주석)

2
개인숭배 문제

일본인 사이에서는 특정 개인에 대한 절대 귀의가 현저함을 알 수 있으나, 한국에서는 "자신이 모시는 주군(主君)의 원수를 갚는다"라는 관념은 그 옛날부터 존재하지 않았다. 인도 아구라의 아크바르 대제의 궁전에서도 주신구라(忠臣藏)[21]의 아사노와 똑같은 사건을 일으켰다고 하여

21) 일본 에도시대 중기인 1701년 4월 21일, 에도 성내에서 지금의 효고현 지방을 관장하던 성주 아사노(浅野長矩) 씨가 당시에도 성내(현재 도쿄 황궁 자리)에서 칼을 빼어 휘둘러서는 안 되는 금지령을 무시하고 막부의 중신이던 기라(吉良義央) 씨를 칼로 베어 상처를 입힌 상해 사건이 일어났다. 당시 막부를 관장하고 있던 도쿠가와 장군의 판단에 의해 정확한 사건 경위를 조사하지 않고, 가해자인 아사노 씨에게 즉각 할복하라는 명령을 내려 죽게 했으나, 그 사건을 일으킨 장본인 기라 씨에게는 아무 벌칙도 가하지 않았다. 이에 피해자 아사노계 중신(衆臣)들이 불평등한 결과에 분노하여 불복해 전체를 총괄했던 아사노계의 최고 중신 오이시(大石良雄)를 필두로 47명의 신하들이 1703년 1월 30일(음력 12월 14일) 가해자 기라 씨 저택에 침입해 기라 씨와 그 부하들을 할복자살하게 했다. 자신들이 모시던 주군의 억울한 죽음에 복수한 후 자수하여 모두 할복자살하라는 명령에 의해 죽음을 당한 사건이다. 당시부터 오늘날에 이르기까지 일본인의 주군에 대한 충성심을 크게 찬양하며 무사정신의 숭고함을 알리는, 일본을 대표할 정도로 잘 알려진 사건이다. 이 사건은 많은 일본인의 공감을 받고 있어 사건 당시부터 극작가들의 각본과 연출로 현재도 12월이 되면 반드시라고 할 정도로 연극 또는 드라마로 공연과 방영될 정도로 인기 있는 작품이기도 하다.(옮긴이 주석)

똑같은 운명에 처한 중신이 있었다는 것은 유명한 이야기로 많은 사람들 사이에서 기억되고 있으나, 그 신하들이 원수를 갚는 일은 없었다. 다시 말해 일본 주신구라의 전반 같은 사건은 인도에도 있었으나, 후반에 전개되는 것처럼 신하들이 복수하는 일은 없었다. 그런데 한국에서도 주신구라는 찾아볼 수 없다. 이 또한 일본인 스스로 반성하기 위한 실마리가 될 것이다.

또 한국 불교에서는 일반적으로 개조 숭배라는 습속이 현저하지 않고, 사원에서는 일반적으로 개산조를 모시는 사당이 거의 존재하지 않는다.[22] 오직 부처와 보살을 숭배하거나 신앙하고 있을 따름이다. 이 같은 점에서 일본 불교와는 크게 다르다고 할 수 있다.

남을 생각한다는 점에서는 충청남도 부여에 있는 박물관에 7세기 백제시대의 작은 금불상을 떠올릴 수 있다. 거기에는 '정지원 위망처조사경 조금상 조리삼도(鄭智遠 爲亡妻趙思敬 造金像 早離三塗)'라고 기록되어 있다. 먼 옛날 그 시대에 죽은 부인의 개인 이름을 기록한 것은 특이한 일이다. 그러나 이는 성주에 대한 숭배라든가, 한 종교를 창시한 개조(開祖)를 숭배하는 것과는 다르다. 어떤 의미에서는 그 같은 사상에 역행하는 것이라고 할 수 있다.

일본 불교에서 현저한 종파적 또는 파벌적 폐쇄성과 관련해 한국

---

22) 거의 모든 불교 사원에서는 개산조를 모시는 사당을 찾아볼 수 없으나, 얼마간의 큰 본산급 사원에는 일본에서 볼 수 있는 개산당과는 성격을 달리하는 '조사전(祖師殿)' 또는 '국사전(國師殿)'이라는 명칭의 건물이 존재하고 있다. 예컨대 조계종 개산 사원으로 유명한 전라남도 승주군에 있는 대본산 송광사에는 경내에 '국사전'이라는 개산당이 있다. 여기에는 송광사를 개창한 보조국사 지눌(1158~1210)을 중앙에 모시고 그 좌우로 제2조, 제3조 순으로 제16조까지 조사 스님들의 초상화를 모시고 있다. '국사전'이라 함은 이곳에 모셔져 있는 제1조부터 제15조까지가 전부 국사를 지냈기 때문이다.[석오진(釋悟震) 스님의 교시에 의함.]

불교는 실제 문제로서 선종 가운데 여러 종류의 경향을 받아들인 종파가 조계종이라 할 수 있다. 한국에는 많은 종파가 있으나, 실제 사회적으로 한국 불교를 대표하는 종파는 조계종이라 할 수 있다. 그러므로 얼핏 보면 하나의 색깔이다. 일본처럼 이질적인 여러 종파의 대립은 찾아볼 수 없다.

불교 교리학의 전승이라는 점에서 한정된 의미에서의 여러 종파는 있으나, 예식이나 수행 실천도 대체로 같은 내용이라고 할 수 있다. 그래서 한국에서 일본으로 건너온 승려는 일본의 실정을 보고 무엇이 불교인지 놀랐다고 한다.

고대 한국에서 제왕의 권력은 상당히 거대했다고 생각한다. 고대 일본의 도읍지에는 고대 제왕들의 능이 많이 남아있다. 그것은 침묵 속에서 침체된 고대가 현재의 우리에게 무언의 호소를 해오는 것 같다. 여기에서 우리 일본인은 정신적 고향을 찾아낸 듯한 느낌을 받는다. 신라의 수도 경주 부근에는 옛 왕조들의 능이 많이 남아있는데, 돌담에 둘러싸여 노송나무 숲속에 안치되어 있다. 일본의 천황 능과 똑같은 것이 아닌가. (예컨대 천마총은 양측이 소나무 숲으로 뒤덮여 있었다.) 이것은 나로서는 놀랄 만한 발견이었다. 그것은 불교가 전래되기 전의 가장 일본적인 것으로 생각하고 있었던 것이 어쩌면 신라의 영향이 아닐까 하는 생각이 문득 뇌리를 스쳐갔다. 적어도 이슬람 이전의 인도에 제왕의 묘가 남아있지 않는 것과는 상당히 다른 것이다.

그러나 제왕 숭배는 한국에서는 일본처럼 현저한 것이 아니다. 한국의 많은 큰 사원에도 역대 제왕상은 안치되어 있지 않다. 몬제키(門

跡)[23] 사원은 예전 한국 불교에서는 존재하지 않았다. 이것은 일본에서 천황제가 특히 강했다는 사실과 관련시켜 생각해야 한다고 본다. 그것은 다시 말해 왕실의 권위를 일본처럼 특별히 주장하는 일이 없었다는 것을 증명하는 것이다. 한국 불교 사원의 건축 양식은 왕궁의 양식과 똑같다. 그 이유는 왕궁에는 이 세상의 왕이 살고 있지만, 사원에는 '법의 왕'이 살고 있어 이 양자는 모두 존경받을 가치가 있기 때문이라고 한국인은 설명한다.

한국에서는 중국에서와 마찬가지로 '효도'가 기본적인 덕망이었는데, 그 위에 '충성'을 놓는 것은 지역이나 국가 그리고 시대에 따라 달랐다. 신라에서는 '충성'이 강조되었다. 신라시대의 원광(圓光)법사(?~630)에 의해 작성된 '세속5계' 가운데에서도 첫 번째로 "충성으로써 임금을 섬겨야 한다"(事君以忠), 두 번째로 "효로써 부모를 섬겨야 한다"(事親以孝)는 사상을 내걸고 있다. 고구려, 백제, 신라 삼국 중에서 군사적 · 정신적으로 가장 강했던 신라가 삼국을 통일할 수 있었던 정신적 원동력이 된 것은 이 '충효(忠孝)'사상이었다.

그 뒤 조선시대에는 유학의 영향으로 충효사상이 더욱 융성해졌다. 오늘날 한국 일반 사람들이 특히 강조하고 기본 윤리로 되어 있는 것은 삼강오륜(三綱五倫)이다. 삼강이란 "신하는 임금을 섬기는 것이 근본이다"(君爲臣綱), "아들은 아버지를 섬기는 것이 근본이다"(父爲子綱), "아내는 남편을 섬기는 것이 근본이다"(夫爲婦綱)를 말하며, 오륜(五倫)은 다섯 가지 지켜야 할 도리로 '오상(五常)'이라고도 한다.

---

23) 몬제키는 조사의 법통을 계승해 한 문중을 통괄하는 본산 또는 승려를 말하거나, 혹은 일본 황족 또는 귀족 등이 거주하는 특정한 사원 혹은 주지 스님을 가리킨다.(옮긴이 주석)

"어버이와 자식 사이에는 친함이 있어야 한다"(父子有親), "임금과 신하 사이에는 의로움이 있어야 한다"(君臣有義), "부부 사이에는 구별이 있어야 한다"(夫婦有別), "어른과 아이 사이에는 차례와 질서가 있어야 한다"(長幼有序), "친구 사이에는 믿음이 있어야 한다"(朋友有信)의 다섯 가지를 말하는 것이다.

다만 임금에 대한 개인적 헌신은 일본만큼 강조되지는 않는다. 이순신(李舜臣, 1545~1598)이 도요토미 히데요시(豊臣秀吉, 1536~1598) 군대를 격퇴시켰을 때, 그 기본이 되었던 것은 '충성'의 도덕이 아닌 한국인으로서 같은 민족의식이었을 것이다. '메이보쿠센다이하기(伽蘿先代萩)'[24] 같은 비극은 한국에서는 일어나지 않았다.

현재 한국과 북한에는 제왕이 존재하지 않는다. 그러나 제왕을 숭배한다는 문제는 역력히 남아있다. 예컨대 한국에서는 많은 곳에 대통령 초상화를 걸어놓고 있으며, 북한에서 보내오는 간행물에는 조선인민공화국 수령의 사진이 곳곳에 게재되어 있음을 볼 수 있다. 다만 이러한 경향은 한국 민족에게만 내재(內在)하고 있다고 말할 수 없는 문제로, 다른 여러 민족의 경우와 비교 검토해야 할 것이다. 또한 한국과 북한의 대립 상태가 완화된다면, 한국 대통령의 초상화나 북한 주석의 초상화를 과대한 크기로 장식하는 등의 문화는 없어질 것으로 생각한다.

---

24) 일본 도호쿠지방 센다이 성주였던 다테(伊達) 씨 가중에서 1660년부터 1671년 사이에 있었던 세력 다툼을 연극화한 일본 전통 연극 가부키(歌舞伎)의 연목(演目)을 말한다. 그 내용은 당시 제3대 성주였던 다테 쓰나무네(伊達綱宗)가 기생에게 정신을 빼앗겼다는 이유로 은거시킨 후, 직계 중신들이 가중 내부인들과 함께 각종 권모술수로 성주 쟁탈전을 하는 집안 내에서 벌인 참극이다.(옮긴이 주석)

3
주술 신앙(呪術信仰)

한국에서는 옛날부터 신을 맞이하는 의식을 행하며, 강림하는 신에 대한 주가(呪歌)를 암송하면 하늘에서 신의 계시가 들려온다고 생각했다. 한국 사회는 유교 사상의 영향이 강했음에도 무녀(巫女, 무당)는 여성들 사이에 깊숙이 침투해서 이들에게 신앙으로 받아들여졌다. 무당의 예언과 기도에 기대어 의지하는 경향을 많이 볼 수 있다. 무당들은 세습에 의한 무당과 신내림을 받은 무당들로 구분된다고 한다. 그러나 그 영향은 한정되고 있다.

일본 종교에서는 샤머니즘과 주술 신앙에 의한 현상을 아직도 볼 수 있으나, 한국 불교 사원에서는 호신 부적 등을 지니고 다니는 모습을 볼 수 없다. 그러면 한국에서는 샤머니즘적 경향이 약한가? 하지만 반드시 그렇다고 말할 수는 없을 것 같다. 한국에서도 현재 일반 민중을 지배하며 뿌리 깊게 작용하고 있는 것은 전통적인 '무교(巫教)' 또는 '무속(巫俗)'이라 불리는 샤머니즘이다. 일상생활 속에서 어떤 중대사를 결정하려고 할 때는 점을 보아 힌트를 얻는 경우가 적지 않다. 예컨대 기독교 신자인 젊은 남녀가 약혼이나 결혼을 하려고 할 때, 점술사가 두 사람의 운을 보아 서로 궁합이 맞는다는 결론을 내리면 두 사람은 기뻐하며 약혼한다.

추상적인 사상을 말하고 있는 『금강반야경』도 중국 또는 한국과 일본에서는 복을 기원하고, 비가 내리기를 바라며, 병을 고쳐주는 영험한 경전으로 받아들여지고 있는데, 예를 들면 『금강반야경집험기(金剛般若經集驗記)』[25]라는 서적(당나라, 718)까지 만들어졌다. (특히 한국 불교인들은 일본 이상으로 『금강경』을 중히 여기고 있음을 알 수 있다.)

한국 불교계의 어느 종파에 소속된 사람들이라도 『천수경(千手經)』을 암송하고 있음을 볼 수 있는데, 먼저 관세음보살에게 예배하고 마지막에는 "나무본사아미타불"이라고 세 번 복창한 후 끝맺는다. 관음신앙이 특히 융성한데, 『천수경』에 나오는 "신묘장구대다라니(神妙章句大陀羅尼)"를 독송하며, 그 내용은 『대비심다라니(大悲心陀羅尼)』[26]와 상당히 비슷하다. 또 티베트와 마찬가지로 "옴 마유 페메 훔"[27]이라는 관음보살 진언을 독송한다. 또 한편으로 「여래 십대 발원문」을 독송하는데, 그중에서 "원하옵건대 우리가 하루 속히 아미타 부처님을 뵐 수 있도록"이라는 소원을 빈다. 일본 불교와 비교해보면, 전체적으로 기원적 성격이 강한 것

---

25) 吳光爀, 「『金剛般若經集驗記』硏究」, 金知見 · 蔡印幻 編, 『新羅佛教硏究』, 東京: 山喜房, 1973, pp. 473-503.

26) 특히 일본 선종을 대표하는 조동종(曹洞宗)의 일상 제반 의식에서 독송하는 다라니로, 신묘장구대다니의 일본어판을 말한다.(옮긴이 주석)

27) 『천수경』에 나오는 관세음보살 육자대명왕 진언 "옴마니반메훔"의 티베트어.(옮긴이 주석)

을 알 수 있다.

그 밖의 민간신앙 측면에서는 일본과 공통적인 현상을 많이 찾아볼 수 있다. 예컨대 지장보살에 대한 신앙을 들 수 있다. 각 불교 사원에는 '명부전(冥府殿)'이라는 건물이 있으며, 지장보살을 본존불로 하여 그 좌우에 13개의 저승 대왕상 등이 안치되어 있다. 다만, 일본같이 '턱받이'를 한 모습은 찾아볼 수 없다.[28)]

현대적인 생활 장면에서도 자동차 운전석 앞에 마스코트를 걸어놓은 모습이 눈에 많이 띄는데, 어느 버스 운전기사는 마스코트로 염주를 걸어놓은 모습도 볼 수 있다. 이 같은 모습은 일본에서는 찾아볼 수 없는 현상인데, 인도에서는 한국과 마찬가지로 볼 수 있다. 그러나 새로 자동차를 구입했을 때, 사원이나 신사 등에 가서 부정을 제거해달라고 기도하는 것은 한국에서는 찾아볼 수 없다.

---

28) 일본의 지장보살은 한국처럼 크고 장엄한 성인 불상이 아니라 작은 아기 보살상으로 대부분 붉은 천으로 턱받이를 하고 있다. 이는 자장보살이 한국과 마찬가지로 명부세계의 구원 보살임과 동시에 '미즈코(水子)', 즉 출생 이전 또는 출생 직후 혹은 어린아이들이 죽은 후의 구원 보살상을 연상하는 경우가 많아 턱받이를 하고 있다고 한다.(옮긴이 주석)

4
기개와 강한 의지

한국인은 일본인에 비해 바삐 살지 않고 있다는 것은 반세기 이전 일반적인 일본인의 평가였다. 일본인은 테두리가 검은 큰 갓을 쓰고 흰색 한복을 입고 긴 담뱃대로 연초를 태우는 모습이 한국 어른들의 모습이라고 상상하고 있다. 그러나 지금은 다르다. 전체적으로 한국인은 기합이 들어가 있다.

한국 관청에서는 오후 5시가 되면 국기가 내려진다. 공무원도 일반인들도 일제히 기립해 국가를 제창한다. 그것이 끝난 뒤에야 각자 집으로 돌아간다.

한국의 전라남북도 지방에서는 일본의 시음(詩吟)처럼 기개 있게 부르는 창이 있다. 이것을 '판소리'라 한다. 일본에서는 스러져버린 시음이 한국에서는 생생하게 살아 움직이고 있다.

대한항공 여객기 한 대가 활주로에 착륙한 순간, 기체에 불이 났다. 대부분의 승객은 구조되었으나, 조종사와 부조종사는 바로 내렸으면 구조될 수 있었음에도 화염 속의 비행기 안에 최후까지 남아있었다. 그 옛날 일본의 무사도 또는 제2차 세계대전 이전 군인들의 강한 책임의식을 보는 듯한 느낌이었다.

이 같은 기개 당당하고 기골 있는 모습은 필경 직접 연결되는 것은 아니겠지만, 신라시대의 화랑도 정신까지 거슬러 올라가 생각할 수 있지 않을까 생각한다.

신라의 화랑 집단은 고대였지만 현대적인 특징을 보여주었다. 화랑은 처음에는 유교를 배경으로 한 교육 훈련 조직이었으며, 청년 귀족들의 사교 단체이기도 했다. 또 시를 읊고 무용을 하는 예능 동료 단체이기도 했다. 원래는 무속적 고(古)신앙이었는데, 유교와 불교에서 윤리적인 개요를, 또 도교에서 무위자연(無爲自然)과 불언(不言)의 가르침을 받아들여 독자적인 실천 운동을 형성했다. 매우 활동적이었는데, 불교 특히 미륵신앙과 깊은 관계를 맺게 되어 현세에 미륵정토 건설을 목적으로 했다. 화랑이란 도솔천으로부터 현세인 신라에 하생(下生)한 미륵이며 구세주다. 다만 그 정토는 56억 7천 년 뒤인 미래에 실현될 것이 아니라 현세에 실현되어야 한다는 것이다. 그들은 이러한 신앙에 정신적으로 의지하여 드디어 7세기에 백제와 고구려를 멸망시켜 통일신라를 실현했다.

5
현실적 적응성

현실적 적응성은 일본인의 독특한 점으로 생각하고 있으나, 한국인도 결코 일본인에게 뒤지지 않는다고 본다.

불교 수용에서 일본에서는 쇼토쿠 태자가 많은 불교경전 가운데서도 특히 『유마경(維摩經)』과 『승만경(勝鬘經)』 그리고 『법화경(法華經)』을 선택해 존숭했다는 것을 일본적 특징으로 볼 수 있다는 것이 종종 지적되고 있다. 이 세 가지 경전은 고구려에서도 이미 중히 여기고 있었는데, 쇼토쿠 태자의 스승인 혜자(惠慈, ?~622)[29]는 이 세 경전에 대한 조예가 깊

29) 고구려의 승려로 595년(영양왕 6) 일본에 건너가 섭정이던 쇼토쿠 태자의 사부가 되었고, 이듬해 대신(大臣) 소가노 우마코(蘇我馬子)가 세운 호코지(法興寺)가 낙성되자 백제의 승려 혜총과 더불어 그 사찰에 있으면서 포교에 힘쓰다가 615년 쇼토쿠 태자가 지은 소(疏)를 가지고 귀국했다. 621년(영류왕 4) 쇼토쿠 태자의 부음이 전해지자 재(齋)를 올려 명복을 빌었으며, 이듬해 음력 2월 5일에 자기도 죽으리라 예언했다. 그리고 바로 그날 자신도 죽었다. 수의술(獸醫術)에도 능통하여 그 방면으로 일본에 많은 영향을 주었다.(Wikipedia 백과사전, 옮긴이 주석)

었다고 추정된다.[30]

한국 불교에서는 일반적으로 화엄 불교의 영향이 강했는데, 그것을 한국에서 확립시킨 의상(義湘)은 중국의 화엄종에서 설했던 「사사상즉(事事相即)」, 「사리상즉(事理相即)」을 넘어서 「리리상즉(理理相即)」을 설했다.[31] 보통 개개의 사물과 현상인 사(事)를 관통하는 것으로 리(理)가 있다고 생각하고 있었는데, 의상에 의하면 개개의 사물과 현상을 떠난 곳에 도리(道理)는 있을 수 없다고 한다. 그것은 현실 존중의 논리다.

현실 존중의 논리는 신라시대 원효의 경우 독자적인 사고로 전개하고 있다.[32] 원효의 저술인 『이장의(二障義)』는 완전히 새로운 번역 계통인 『유가론(瑜伽論)』 중심의 단혹설(斷惑說)과 그 이전에 번역한 계통인 『기신론(起信論)』 중심의 단혹설 양측을 맞추어 종합해 조직하고 있다. 원효는 『이장의』에서 이 두 계통을 「현요문(顯了門)」 및 「은밀문(隱密門)」이라는 두 가지 견해를 내세워 비판했다. 즉, 아뢰야식연기(阿賴耶識緣起)를 설하는 유가론 계통의 설은 「현요문」으로 하고, 진여연기(眞如緣起)를 설하는 기신론 계통의 설은 「은밀문」이라고 판단했다.

『이장의』의 육문(六門) 분별 가운데 제5문 명치단(明治斷) 중에서 "은밀문 중의 본말상생의(本末相生義) 및 현요문의 직설전(直說纏) 및 수면상생의(隨眠相生義)"라고 말하고 있으나, 이는 본말상생을 설하는 것이 「은

---

30) 古田紹欽, 「推古朝における百済・高麗・新羅三国関係 — 聖徳太子と慧慈をめぐって」, 『曉城趙明基博士追慕 佛敎史學論文集』, 서울: 동국대학교 출판부, 1988.7, p. 57. 이 논문에서 '고려'란 고구려를 의미한다.

31) 木村清孝, 「韓国仏教における理理相即論の展開」, pp. 195-211.

32) 横超慧日・村松法文, 『新羅元暁撰, 二章義』 연구편, 平楽寺書店, 1979, pp. 14-16.

밀문」의 설로서 전(纏)[33] 및 수면 상생을 설하는 것이 「현요문」의 설이 된다는 의미다. 이 중에서 본말의 '본(本)'이란 지애근본무명(智礙根本無明)을 의미하며, '말(末)'이란 번뇌애육종염심(煩惱礙六種染心)을 가리키는 것이다. 즉, '본말상생'이란 근본 무명에서 여섯 가지 염심을 생기게 하는 것을 설하는 것이므로 이는 분명히 진여연기(眞如緣起)의 『기신론(起信論)』을 가리키는 것으로 『기신론』을 「은밀문」의 설로 한다는 것을 나타낸다. 또 전(纏) 및 수면(隨眠)상생이란 종자생현행(種子生現行) · 현행훈종자(現行熏種子)를 의미하므로 이를 아뢰야식(阿賴耶識)[34]연기라고 하는 것이 확실하다. 즉, 유가론(瑜伽論)[35]을 가지고 「현요문」의 설로 한다는 의미다.

또 마찬가지로 제5문인 명치단(明治斷) 중에서 "인법이집본말상의생문(人法二執本末相依生門)과 인집지내전급수면상생문(人執之內纏及隨眠相生門)"이라고 말하고 있다. 이것은 앞에서 말한 「현요문」과 「은밀문」에 해당하는 것이 확실하므로 이로 미루어보면 「은밀문」에서는 인법이집(人法二執)인 번뇌애(煩惱礙)와 지애(智礙)가 본말 관계를 가져 상존함이 생긴다고 설한 것에 대해 「현요문」에서는 인법이집인 번뇌장(煩惱障)과 소지장(所知障)이 각별하게 그 내부에서 현행과 종자가 상생함을 설하고 있을 뿐 인집과 법집의 상호 관계에 대해 확실하게 밝히지 않았다. 이것이 원효가 두

---

33) 불교 용어로 번뇌 망상의 다른 한 표현.(옮긴이 주석)

34) 불교 용어로 인간 존재의 밑바탕을 이루는 의식의 흐름을 말한다. 윤회를 초월해 경험을 축적하여 개인으로서의 자신을 형성하고, 일체의 심적 활동의 의지처가 된다. 산스크리트, 즉 범어로 '알리야 비쥬냐나(Alaya-vijJAna)'라고 한다.(옮긴이 주석)

35) 『유가사지론(瑜伽師地論)』의 약칭으로 인도 승려 미륵 또는 무착스님의 저술로 전해지고 있으며, 중국의 현장(玄奘)에 의해 한문으로 번역되어 전 100권이 있다. 유가, 즉 요가를 실제 수행하는 사람들의 17단계를 밝히고, 유식(唯識)과 중도(中道)의 이치를 깨닫는 과정을 나타내고 있다.(옮긴이 주석)

가지 문을 분별한 근거로 알려져 있다.

그런데 이 같은 「현요문」과 「은밀문」이라는 분별 비판은 원효로서는 경론(經論)의 이설(異說)을 회통시키기 위한 한 관점에 지나지 않았다. 그사이에 뒤떨어지고 연약한 정신적 기질이 있는 사람들을 높은 경지로 끌어올린다는 「열기유인(劣機誘引)」이라는 취의(趣意)가 포함됐다고 하는 데까지는 도달하지 못한 것이다. 이 점은 원효의 「현요문」과 「은밀문」의 관계를 바로 삼승시교(三乘始敎)와 삼승종교(三乘終敎) 관계로 생각한 법장(法藏)[36]과 달랐다. 법장은 「시교(始敎)」가 「종교(終敎)」보다 뒤떨어진다는 것에 대해 "시교는 어리석은 가르침[愚法]을 인용해 점차 큰 곳으로 향하게 하는 목적을 가지고 있다. 즉, 2승(乘)을 빼지 않았기 때문에 아직 깊은 설을 하지 않았다"고 말했으나, 원효는 이 같은 것을 설하고 있지 않다.[37]

다시 말해 원효에 의하면 높은 수준의 가르침과 낮은 수준의 가르침에 대한 구별은 존재하지 않는다. 모든 가르침이 존재의 의미를 가지고 있다는 것이다.

이 같은 사유방법이 한국 불교의 선(禪) 사상에 규정되어 있다. 한국 선불교의 확립자라고 할 수 있는 지눌(知訥)은 32세 때 전라남도 지리산에 들어가 무주암(無住庵)에 거주하면서 세속과의 인연을 끊고 오직 참선 수행에 전념했다. 그러던 어느 날, 『대혜어록(大慧語錄)』을 공부하다가 "참

---

36) 중국 당나라 초기의 승려(643~712). 장안(長安) 사람으로 속성은 강(康)씨. '현수(賢首)대사' 또는 '강장(康藏)법사'라고도 부른다. 화엄종(華嚴宗)의 제3대 조사로 화엄교학을 대성시킨 사람 중 한 사람으로 추앙되고 있다.(옮긴이 주석)

37) 横超慧日 · 村松法文, 『新羅元暁撰,二章義』 연구편, 平楽寺書店, 1979, pp. 14-16.

선은 조용한 곳 또는 시끄러운 곳, 일상 생활처, 혹은 사량(思量) 분별처에 있는 것이 아니다"라는 글귀에 이르러 홀연히 크게 깨달았다. 또 이 당시 당나라의 화엄학자인 규봉종밀(圭峯宗密)의 『선원제전집도서(禪源諸詮集都序)』를 읽었다. 42세 때, 정혜사(定慧社)를 거조사(居祖寺)에서 순천 송광사로 옮기고, 송광산 정혜사는 '조계산 수선사(修禪寺)'라고 명칭을 바꾸어 한국 선불교의 근본도량으로 삼게 되었다. 이 수선사야말로 다름 아닌 현재의 조계산 송광사다.[38)]

보조국사 지눌은 중국의 이통현(李通玄)[39)] 사상을 받아들였다. 지눌로서는 진실을 떠나지 않은 채 무명(無明) 속에 있는 범부들의 모습이야말로 주요 관심사였다. 그는 중국 불교의 몇몇 교학 중에서 특히 이단설로 보고 있던 이통현의 사상을 선별해서 『화엄논절요(華嚴論節要)』를 저술했다.

이상에서 지적한 바와 같은 사유사상은 형이상학적 사유를 거부하는 경향을 낳는다. 그 특징은 먼저 신유학(新儒學)의 수용과 경과에서 인정되고 있다.

> 신유학은 공자와 맹자의 학문, 즉 고전 유학에 대한 이론적 규명에 특징을 보인다. 우주와 인생에 대한 철학적 해석은 성리학(性理

---

38) 鎌田茂雄, 『朝鮮佛敎史』, 東京大學出版會, 1987. 2, p. 188.

39) 생몰연도가 635~730년이라는 설과 646~740년이라는 두 가지 설이 있다. 중국 당나라 시대 황족 출신으로 화엄학 학자. 만년에 10여 년에 걸쳐 주석서 『신화엄경론』 40권을 완성시킴과 동시에 『결의론(決疑論)』 4권, 『십명론(十明論)』 1권 등 저술을 남기고 있으며, 참선 수행을 중시해 미망과 깨달음의 일체성을 선양했다. 명나라 말엽의 양명학자 이탁오(李卓吾) 등 후세의 동북아시아 사상가들에게 많은 영향을 남겼다.(옮긴이 주석)

學)이 그 중심이 된다. 그런데 신유학을 수입했다는 고려 후기의 학자들은 성리학에 관한 형이상학적이며 사변적(思辨的)인 연구를 특별히 보여주는 것도 없이 현실적 사회 이론, 즉 '인륜(人倫)'의 깃발만 높이 쳐들었다. … 신흥 사대부가 현실적인 문제보다 한층 더 필요로 했던 것은 형이상학적 부분이 아닌 신유학의 명분론(名分論)과 의리론(義理論)이었다. 신유학의 명분론과 의리론은 동양적 자연법사상의 종합적 체계의 대성(大成)과 함께 전개되었다.[40)

근세에 이르러 '실학(實學)'이 주창되었는데, 한국에서 "실학이라는 말은 위나라 또는 진나라의 '현학(玄學)'(노자, 공자의 학문)과 송나라 또는 명나라의 '리학(理學)'(성리학, 즉 주자학) 같은 특정 내용을 가지고 있는 것이 아니다. 다만 그 시대에 현실성 또는 현실적 의의를 가진 학문을 가리켜 '실학'이라고 할 뿐이다."[41)]

실학은 드디어 근대화 방향으로 나아가게 되었다. "그들이 남겨놓은 학문적 명제만 보아도 근대화 과정에서 불가결한 토지제도와 상공업 그리고 생산기술 개혁과 향상에 관한 것, 또는 제반 생활과 사상에서의 실용 또는 실증적 정신의 보급에 관한 모든 것이 진지하게 논해지고 있다. 이것이 근대 계몽기의 선학들에게 현실적인 학문으로서 받아들여짐으로써 그것만이 실학으로 인정되었다."[42)] 실학의 성과는 다음과 같이

40) 李佑成, 旗田巍 監修, 鶴園裕他 譯, 『韓國の歷史像』, 平凡社選書 109, 1987, p. 190.

41) 前揭書, p. 22.

42) 前揭書, p. 26.

네 가지로 정리할 수 있다.[43)]

① 형이상학적 또는 사변적 학문에 대한 실용과 실증주의 제창
② 우주 자연적 질서에서 인간 사회의 질서를 분리시킬 것
③ 중화(中華)주의적 세계관의 부정과 독자적인 민족관 주장
④ 사(士), 농(農), 공(工), 상(商)의 신분제도에 관한 비판과 새로운 직업관의 형성

그러나 실학은 결코 유학을 쫓아내려고 하지 않았다. 오늘날의 유학, 특히 송학(宋學)의 영향은 뿌리 깊게 인정되고 있다고 할 수 있다. 이에 대해 이우성(李佑成) 씨는 다음과 같이 설명한다.

"오늘날 한국인의 의식 구조 가운데 성리학의 요소가 많은 비중을 차지하고 있다. 종래의 유교 문화권에 속해 있는 중국 또는 일본은 그 밖의 지역과 비교해 한국 국민에게는 성리학을 토대로 한 유학적 의식이 상대적으로 짙게 남아있다. 여기에는 장점도 있지만 단점도 있을 것이다. 몇 가지 예를 들 수 있다.

① 명분이 실리에 앞서고 있다.
② 권위주의에 대한 복종을 상급자에 대한 도리(道理)로 분별하고 있다.

43) 前揚書, p. 196.

③ 내세관이 없으며, 현실에 대한 집착이 강하다.

④ 절조 관념이 강하고 부당한 타협을 원치 않는다.

⑤ 전통을 중히 여기며, 자존심이 강하다.

이 같은 것이 전부 유교에서 온 것이라고 단정할 수는 없으나, 적어도 한국인의 의식 구조를 말할 경우 유교를 떠나서 생각할 수도 없다고 말할 수 있을 것이다."[44]

이상에서 지적한 역사적 배경을 고려하면서 다시금 현재 한국 불교의 실천 모습을 재고해보기로 하자.

한국 불교는 현실적 적응성을 가지고 있다. 다시 말해 수행승이 계율을 엄수하고 있음은 말할 것도 없지만, 계율에 관해서는 남아시아 불교 제국과 현저하게 다른 것을 볼 수 있다.

먼저 한국에서는 순전히 채식을 하고 있다. 남아시아 제국에서는 탁발할 때 신도들이 보시하게 되면 육류 또는 생선류를 먹어도 상관없으나, 한국 불교의 대표격인 조계종 사원에서는 소위 육류 또는 생선류로 만든 음식은 일체 먹지 않는다. 이는 '자비'의 정신을 준수하고 있기 때문이다. 그러나 이러한 채식주의도 한국에서는 어느 정도 느슨한 실천이 엿보인다. 출가 수행자도 달걀이나 해파리는 먹어도 관계가 없다고 한다. (중국 민족의 불교 승려 사이에는 절대로 허락지 않고 있다.)

또 한국의 수행승은 담배를 일체 피우지 않는다. 이것은 독특하다.

---

44) 前揭書, p. 197.

계율을 엄수하는 남아시아 여러 나라의 불교 승려들은 주류는 마시지 않지만, 담배는 아무 거리낌 없이 피운다. 신도들이 고승들 앞에서 무릎을 꿇고 합장 예배를 하고 있는데, 그 앞의 고승은 의자에 걸터앉아 담배를 뻐끔뻐끔 피우면서 신도들에게 눈도 돌리지 않고 있다. 석가모니 붓다 당시는 아직 담배가 알려지지 않았기 때문에 "담배를 피우지 말라"는 계율이 만들어져 있지 않았다고 본다. 이것을 좋은 구실로 삼아 남아시아의 스님들은 아무 거리낌 없이 담배를 피운다. 그러나 이 같은 광경을 한국에서는 찾아볼 수 없다. 계율에 금지되어 있지 않아도 수행에 방해가 된다고 생각되는 것은 하지 않는다.

이런 행동을 통해 알 수 있는 것은 계율을 융통성 없이 적용하는 것이 아니라 그 근저에 있는 정신을 중히 여긴다. 이같이 엄숙한 정신은 도대체 어디에서 온 것일까? 그 원천 또한 연구하지 않으면 안 될 것이다.

다른 한편, 계율을 파한 것으로 유명한 이색적인 승려 원효도 한국에서는 대단히 중히 여겨지고 있다. 원효가 공주의 미모에 매혹되어 결국 계율을 파하게 된 것은 요석궁(瑤石宮)이라는 궁전이었다. 현재 그곳에는 한국풍의 전통적인 건물이 들어서 있어 궁전과 같은 이름으로 고급 요정이 운영되고 있다. 이 같은 것은 동남아시아 불교권 국가들에서는 절대로 생각할 수 없는 일이다. 동남아시아 사람들로서는 입에 담을 수 없는 더러운 이야기다.

한국 불교는 원광(圓光)법사(?~630)에 의해 현실화된 불교가 그 기본이 되고 있다. 즉, 계율 해석이 대단히 현실적이었다. 신라 진평왕(579~631) 때, 원광법사는 중국 진(陳)나라에서 귀국한 뒤 고급 관리들을 위해 '세속 5계'를 설했다. 그것은 불교의 전통적인 5계와는 다른 것이었다.

① 사군이충(事君以忠): 충성으로써 임금을 섬겨야 한다.

② 사친이효(事親以孝): 효로써 부모를 섬겨야 한다.

③ 교우이신(交友以信): 믿음으로써 벗을 사귀어야 한다.

④ 임전무퇴(臨戰無退): 싸움에 나가서 물러남이 없어야 한다.

⑤ 살생유택(殺生有擇): 산목숨을 죽일 때는 분별이 있어야 한다.[45]

만약 "산 생명을 죽이지 말라"는 것을 엄밀히 실행키 위해서는 인도의 자이나교도들이 실천함과 같지 않으면 실행하기가 불가능하다. 이에 신라의 원광법사는 이것을 '살생유택'으로 개편했다. 구체적으로 말하면, 다음과 같다.

> 육재일(六齋日) 및 봄과 여름철에는 살생하지 말 것. 이것은 때를 가리는 것이다. 집에서 기르는 가축을 죽이지 말 것. 이른바 말, 소, 닭, 개 등을 말한다. 작은 생물을 죽이지 말 것. 소위 한 점도 되지 않는 고기다. 이것은 분별하는 것이다. 꼭 필요한 만큼만 잡고, 필요 이상의 생명을 죽이지 않는 것이다.[46]

'살생유택'은 삼국 통일에 원동력이 되었던 화랑도(또는 풍류도)의 기본적 태도였다. "살생유택, 임전무퇴"라고 가르치고 있다. 이것은 일본의

---

45) 『삼국유사』 제4권(大正藏 제49권, p. 102上); 『해동고승전』 제2권(大正藏 제50권, p. 1021中)

46) 『삼국유사』 제4권(大正藏 제49권, p. 102上); 『해동고승전』 제2권(大正藏 제50권, p. 1021中)

무사도와도 일맥상통하는 내용이다.

한국인도 무기를 들고 싸우는 것을 결코 나쁜 것이라고는 생각지 않았다. 도요토미 히데요시(豊臣秀吉)의 군대가 침입해왔을 때, 불교 승려들은 사원 주지들의 지휘하에 무기를 들어 싸움에 임했다. 히데요시의 군대가 공격해왔을 때, 청허(淸虛)스님(서산대사)은 73세의 노구를 이끌고 과감히 봉기해 전국 사원에 격문을 보내 의승군을 일으켰다. 그 자신은 1,500명의 승병을 지휘했다. 그의 제자인 송운(松雲)대사도 700명의 의승군을 일으켰다. 그 뒤 청나라 군대가 침입해왔을 때는 의승군들이 결기해 '항마군(降魔軍)'을 조직하기도 했다.

'윤리성'은 근대에 이르러서도 활발한 주장이 계속되고 있다. 예컨대 박지원(朴趾源, 1737~1805)[47]도 '사(士)'로서의 자신의 의무를 발견했다. 그것은 본래 '사'는 실학을 행하고 농, 공, 상에 공헌하지 않으면 안 되는데, 당시 농업, 공업 그리고 상업이 정상적으로 발전하고 있지 않음은 '사'가 실학을 행하고 있지 않은 데 그 원인이 있다고 주장했다.[48]

조선시대의 유학은 주자학이 주류이고, 양명학은 거의 찾아볼 수 없다. 이 점은 한국이 근대화에 늦은 것과 관계가 있는 게 아닐까 하는 문제로 연결된다. 왜냐하면 학자들이 자주 지적하는 바와 같이 양명학에는 "근대적 사유와 좌절"의 문제가 있기 때문이다. 이와 관련해 베트남

---

47) 조선 후기의 실학자 · 소설가로 본관은 반남(潘南), 자는 중미(仲美), 호는 연암(燕巖). 그를 중심으로 한 '연암 그룹'이 형성되어 많은 신진기예 청년 인재들이 그의 문하에서 지도를 받고 새로운 문풍(文風) · 학풍(學風)을 이룩하게 되었는데, 그것이 북학파실학(北學派實學)이었다. 문학에서는 당시 이덕무 · 유득공 · 이서구 · 박제가가 4대 시가(詩家)로 일컬어졌는데, 모두 박지원의 제자들이었다.(옮긴이 주석)

48) 李佑成, 前揭書, p. 101.

의 어떤 철학자의 반성에 귀를 기울여보기로 하자. 그 철학자는 다음과 같이 말하고 있다.

> 베트남은 왜 일본보다 근대화가 늦어져 결국 많은 외국의 침략에 몸을 맡기지 않으면 안 되었을까? 베트남인은 일본인에 비해 결코 자질이 떨어지지 않는다. 그 이유는 일본의 새로운 지도자들이 주자학을 버리고 양명학을 채용했는데, 베트남의 지도자들은 아직도 구태의연하게 주자학을 엄수하고 있기 때문이다.[49]

이 비판이 옳은지 그른지는 재삼 검토를 필요로 하겠지만, 이런 점에서 한국은 베트남과 거의 같은 상황에 있었다고 할 수 있을 것이다. "한국에서는 주자의 이론 외에는 일체 다른 이론이 허용되지 않았다. 양명학 같은 것도 일부에서 비밀리에 전해졌을 뿐이다."[50]

그러나 또 다른 모습도 있다. 근세에 한국의 왕조는 불교를 탄압하고 유학을 내세웠지만, 베트남은 유교와 불교 그리고 도교를 근대에도 존중하고 과거시험에도 이 세 가지 가르침은 필수였다고 한다.

20세기에 들어서면서 한국은 원불교(圓佛敎)가 등장했다. 이것은 순전한 재가(在家) 불교인데, 청정한 생활을 강조해 퓨리턴[51]의 모습을 찾

---

49) 1973년 8월 5일 베트남 사이공(현재 호치민시)에 있는 반한(Van Hanh)대학에서 강연했을 때, 한 철학 교수가 기증한 저술 속에 기술된 내용이다. 지금 그 저서를 정확하게 인용할 수 없는 것이 참으로 유감스럽다.

50) 李佑成, 前揭書, p. 195.

51) '청결' 또는 '결백' 등을 나타내는 purity에서 유래하는 영어 Puritan, 라틴어 puritas. 청교도는 16세기에서 17세기 사이에 영국(England)의 칼뱅주의 계열 개신교를 일컫는 말이다. 이들

아볼 수 있으며 농촌 민중 사이에 침투해 있다. [전라남도 영광의 원불교 교단본부 가까운 곳에 교단 창시자 소태산(少太山) 대종사(大宗師)라는 독창적 수행자의 탄생지가 있다. 소박하고 조그만 초가집으로 바람에 날아가지 않도록 새끼줄로 묶어놓았다. 집 주위는 돌담을 쌓았다. 소태산 종조는 그곳에서 어린 시절을 보냈으나, 1901년 수해로 인해 구호동으로 이주했다. 소태산 대종사는 어린 시절부터 항상 인간 문제를 마음속에 간직하고 때로는 산에 올라 산신 기도를 했다. 그의 생가는 오랜 세월 동안 빈집으로 방치되었으나, 1980년 어느 독지가가 자금을 희사하여 복원에 이르렀다고 한다.]

또 '현실성'은 불교 연구 방법에도 나타나고 있다. 한국의 학자들은 요점을 파악하여 '그것이 실생활 또는 사회적으로 어떤 의미를 가지고 있는 것일까?'라는 의문점을 진지하게 생각하고 있다. 그들은 "일본 학자들은 어째서 이렇게까지 자구 해석에만 얽매이는 것인가요?"라고 말하며, 일본의 학풍을 비웃고 있음을 알 수 있다.

은 영국 종교개혁이 불완전한 종교개혁이었다고 이해하여 영국 성공회의 로마 가톨릭적인 잔재를 개혁하고자 했다. 이들은 도덕적인 순수성을 추구하여 낭비와 사치를 배격하고 근면을 강조했으므로 영국의 중산층을 형성했다. 또한 신학적으로는 인위적 권위와 전통을 인정하지 않고, 성서에 철저하고자 한 성서주의적인 입장을 갖고 있었다.(옮긴이 주석)

6
여러 사상의 대립과 유화

현실 사회에서 서로 다른 사상이 대립하는 경우, 그것들의 존재 의의를 어떤 시점에서 평가해 유화시키려고 하는 것은 한국인 사이에서 하나의 전통적 사유방법일 것이다. 언제나 그렇다고는 할 수 없지만, 어느 면에서는 구현되고 있다.

이 같은 경향은 오래전의 불교인들에게까지 거슬러 올라갈 수 있다. 원효가 지은 『이장의(二障義)』는 화엄종과 유식법상종 같은 종파적 의식을 떠나서 기록하고 있다.[52]

후세에 원측(圓測, 613~696)[53]은 일반적으로 이단자로 여겨지고 있으나, 그것은 후대의 기성 학파 법상종이 그렇게 낙인을 찍은 결과에 의한

---

52) 橫超慧日, 「二章義, 研究篇」, 『효성 조명기 박사 추모, 불교사학 논집』, 서울: 동국대학교 출판부, 1988. 7, p. 64.

53) 신라를 대표하는 유식 학승으로 신라 국왕의 손자라고 전해진다. 15세 때 당나라에 유학해 현장법사를 스승으로 그의 학문을 수학했다.(옮긴이 주석)

것일 뿐, 원측의 저서에는 많은 이설이 망라되어 있다.[54)]

신라의 화랑도는 전통적인 기풍을 근본으로 불교, 유교, 도교의 요소를 각각 적당히 채용하고 있다.

한국 불교에도 여러 종파의 구별이 있다. 그중에서도 조계종이 최대의 종단이라 볼 수 있으나, 그 밖의 대소 종파와 함께 그들 종파들과 교리를 달리하는 원불교를 포함해 적지 않은 불교 종파들이 존재하고 있다. 그러나 이 같은 많은 종파 사이의 차이는 근소하다고 볼 수 있다. 예컨대 많은 종파들의 종도들은 거의 『반야심경』을 독경하고 있으며, 특히 『천수경』은 거의 모든 신자들이 암송하고 있을 정도다. 그러나 『천수경』은 대장경 속에서는 찾아볼 수 없는 경으로 한국에서 편집한 것 같다.

현재 한국 불교의 실정을 보면, 불교 신자들이 예배드리는 부처님은 일정하지 않다. 예컨대 조계종 소속의 어떤 사원 법당은 '수광전(壽光殿)'이라 부르고 있는데, 그 내부에는 아미타불이 안치되어 있다. 또 서울 시내에 있는 '기원정사(祇園精舍)'라는 비구니 스님의 사원에는 '나무아미타불' 혹은 '나무인로왕보살'이라고도 쓰여 있다. 인로왕보살은 실크로드 이래 예불되고 있는 보살이다. 경주 석굴암의 암굴 중앙에는 온화한 표정의 본존불이 앉아있고, 그 배후에는 십일면관음보살이 새겨져 있으며, 양 측면에는 십대 제자들 상이 조각되어 있다.

백제의 고도 유적지에 있는 정림사(定林寺)의 석불 좌상은 심하게 파손되어 있었는데, 비로자나(Vairocana)불을 표현한 것으로 풀이되고 있다. 원래의 모습은 팔각 대좌 위에 앉아 설법하는 모습이었다고 한다. 나중

---

54) 鎌田茂雄, 『朝鮮佛敎史』, 東京大學出版會, 1987. 2, p. 89.

에 그 부처 위에 지붕을 만들었는데, 그 명문(銘文)을 보면 지붕은 1025년경의 것이다. 강당의 본존불이던 고려양식을 보여주고 있다. 이와 같이 여러 종류의 불보살이 예불되고 있다.

또 현재 한국 불교에서는 특별히 독송되고 있는 유일한 경전이 존재하지 않는다. 일반적으로 독송되고 있는 불교 경전은 잡다하다. 경전을 녹음테이프에 수록하는 것은 일본과 마찬가지로 한국에서도 하고 있는데, 테이프에 실려 있어 일반적으로 독송되고 있는 경은 『아미타경』, 『반야심경』, 『관음경』, 『천수경』, 「화엄경약찬게」, 「법성게」, 「보현행원찬」, 「무상게」 등이다.

유학(儒學)은 일찍이 8세기에 한국에 도입되었는데, 처음에는 그다지 힘을 발휘하지 못했다. 13세기 들어 유학(특히, 송학)의 영향이 지배적이 되었는데, 그것은 중국 본토에서 송학(宋學)이 왕성한 것에 대응한다. 조선시대 이래 유교가 지배적이었다고 해도 중국 민족의 유교와 동일한 것은 아니었다. 이미 고려 왕조 시대에 지배적이던 현실적인 불교가 생각지 않은 곳에 잠재되어 있었다.

근대 불교의 지도자였던 서산대사[55]는 『삼가귀감(三家龜鑑)』을 저술하고 유교, 불교, 도교 삼교가 형식에서는 분류되어 있지만 한 마음을 밝힌다는 점에서는 다를 바 없다고 주장해, 후세의 조선시대 불교도의 삼교합일론의 원천을 열었다.[56]

---

55) 최근 서산대사에 관한 연구가 활발히 진행되고 있다. 특히 조계종 소속 해남 대흥사와 대한전통불교연구원이 주최한 제7회 국제불교학술회의에서 발표한 『호국성사 서산의 사상』(1986. 7)이라는 정리된 논문집이 있다.

56) 高橋亨, 『李朝佛教』, 東京: 國書刊行會, 1973, p. 409.

또 일생이 변화무쌍하고 기발했으며, 그 행동을 헤아리기 어려움이 있다는 점에서 매월당 김시습[설잠(雪岑)][57]은 일본의 잇큐(一休) 스님[58]을 생각하게 하는 것이 많다. 후대의 한국인에게 정서적으로 끼친 영향이 큰 것으로 보이는데, 그는 선불교의 입장에서 『법화경』을 이해하여 『연화경별찬(蓮華經別讚)』을 저술했으며, 또 천태종은 선(禪)에 속한다고 단언했다. 또한 『화엄석제(華嚴釋題)』를 저술하기도 했는데, 불교와 유교는 서로 어긋나지 않는 것이라고 생각했다. 그 이유로 "불교의 본의는 '자비'를 최우선으로 한다. 그러므로 도덕의 권내에 내려놓으면 유교와 모순되지 않는다. 살생하지 않으며, 남의 것을 훔치지 않는다는 등의 계율은 유교가 설하고 있는 인의(仁義)와 같은 취지다"라고 말했다.[59]

한국에서는 특히 조선시대에 유교를 대대적으로 받아들였다. 그 영향은 일본보다 훨씬 강하다. 일본에서는 에도시대(江戸時代, 1603~1867) 이래 도쿄 시내에 유교를 전하는 유시마성당(湯島聖堂)이 있는데, 한국에서는 유교 관련 시설을 '성당'이라고 부르지 않는다. 이에 상당한 것으로 '성균관(成均館)'이 있다. 그 이념은 '균(均)', 다시 말해 '화(和)' 또는 '조

---

57) 김시습(金時習, 1435~1493)은 조선 초기의 문인이며 학자로, 생육신의 한 사람으로 일컬어진다. 김시습에 관해서는 이미 다카하시 도루, 『조선불교』(東京: 國書刊行会, 1930) p. 189 이하; 누카리야 가이텐(忽滑谷快天), 『朝鮮禪敎史』(東京: 春秋社, 1973. 2) p. 339 이하에서 논하고 있는데, 최근의 연구로는 김지견, 「설잠의 화엄과 선의 세계」라는 상세한 논문(『도원 유승국 박사 화갑 논총』, 1983. 11)을 참조하기 바란다.

58) 일본 무로마치(室町)시대 중기의 임제종 승려(1394~1481)로, 이름은 소쥰(宗純), 호는 교운(狂雲)이며, 잇큐는 통명(通名)이다. 당시 천황 계열의 혈통으로 출가해 교토 다이토쿠지(大德寺) 주지를 역임했고, 시와 서화 등에 뛰어났으며, 당시 부패에 빠진 일본 선종에 항거해 많은 기행을 벌였다. 시집 『광운집(狂雲集)』이 남아있으며, 그의 생애 동안 벌인 기이한 행동들은 전설화되어 소설 또는 희곡 등으로 묘사되어 전해지고 있다.(옮긴이 주석)

59) 高橋亨, 『李朝佛教』, 東京: 國書刊行會, 1973, pp. 195-214.

화(調和)'를 중히 여긴다. '조화'라는 것은 주체성에 유의함과 동시에 변화를 중히 여겨 한 가지만 고집하지 않는 것을 의미한다.

한국적 특징을 보여준 유학자들도 마찬가지였다. "정인보(鄭寅普)는 학문의 정통과 이단이라는 문제를 떠나 실학을 선양하려고 했다. 그들의 학문을 따르는 것으로 한국학의 발전을 말하려고 했다. 이것은 조선왕조의 주자학 지상주의의 질곡 아래서 학문적 반성이 드러난 것이라고 할 수 있는 서경덕(徐敬德, 1489~1546)과 이이(李珥, 1536~1584)에서 시작하는 주기파(主氣派) 계통의 흐름에 연결되는 입장이었다. 이러한 양명학적 학문의 흐름은 주자학과 이율배반의 사상 체계는 아니다. 시대의 내외 모순을 극복하기 위해 두 학문 체계를 통일한 것으로 이해해야 할 것이다. 그러므로 홍대용(洪大容)도 전면적으로 양명 사상에 영향을 입었다고 하기보다는 오히려 자기를 극복하고 시대 문제를 궁구하다가 양명학을 만났다고 해야 할 것이다"[60]라고 평가하고 있다.

홍대용(洪大容, 1731~1783)은 외국인을 야만인 취급하는 것을 중지하고 국제적 관계에도 사상적인 관용을 적용시키려고 했다. 어떤 문화 체계에도 진실이 있는 것과 마찬가지로 어느 민족에게도 아름다운 점은 있다고 생각했다.[61]

동학당의 난(1894)은 농민전쟁이었는데, 그 지도자였던 최제우(崔濟愚, 1824~1864 사형)의 직관적 · 종교적 체험에 의한 사상은 유교와 불교 그리고 도교의 삼교의 겸전을 제창했던 신라의 화랑도 전통과 일치하는

---

60) 金泰俊, 『虛學から實學へ—18世紀 朝鮮知識人洪大容の北京旅行』, 東京: 東京大學出版會, 1988. 5, p. 72.

61) 前揭書, p. 151.

새로운 것이었다.[62)]

이 같은 사유방법이 언제나 있었다고는 할 수 없겠지만, 단속적으로 출현하고 있었던 것은 인정하지 않을 수 없을 것이다.

62) 李箕永,「朝鮮哲學」,『브리태니커 국제 대백과사전』13, 1988. 1, p. 387.

7
합리적 사유 문제

(1) 합리적 사유의 현실성

한국 문명에서도 합리적 사유와 과학적 기술의 발단은 상당히 오랜 시대까지 거슬러 올라갈 수 있다.

먼저 거론하지 않으면 안 될 것은 한국인의 글, 한글 문자의 발명이라 할 수 있을 것이다. 이것은 조선 4대 세종대왕(1418~1450)이 당시 왕립 학문연구소라고 할 수 있는 '집현전'에 많은 학자들을 모아 새로운 문자를 만들기 위해 연구하도록 했다. 그 후 많은 유학자와 문신(文臣)들이 학문의 권위를 실추시키는 것이라고 맹렬하게 반대하고 항의했으나, 편견을 배척하고 연구에 착수한 지 3년째인 1443년 세계에서 가장 과학적이고 간단하다는 음운(音韻)체계, 즉 자음 14자, 모음 10자의 통합 24자로 구성된 '훈민정음'이라는 한글 문자를 창제해 1446년 공포했다. 한글 문자가 발명되기 전에는 한문만 사용하고 있었기 때문에 한국 문화는 중국 민족 문화에 종속된 것으로 여겨지기 쉬웠다. 그러나 한국인은 독자적 사유를 전개해왔다. 한글 문자는 대단히 합리적 · 체계적인 구성을 가지고 있어 그 점에서는 다른 제 민족 가운데에서도 그 유례를 찾아보기 어렵다.

신라 시대의 천체 관측소는 인도 자이푸르(Jaipur)의 천체 관측소보다 천 년 가깝게 오래된 것이다.

도요토미 히데요시의 한반도 침략은 가토 기요마사(加藤清正, 1562~1611)[63] 같은 무신이 독자적으로 벌인 일이 아니라 히데요시의 부하가 화기 등의 무기를 충분히 계산한 후 오랜 준비 끝에 벌인 행동이었다. 이에 비해 조선의 군대는 화기가 빈약했기 때문에 초기 전투에서 잠시도 버티지 못하고 밀려버리고 말았다. 그러나 이에 맞서 이순신이 승리를 거두게 된 것은 새로운 무기와 장비를 발견한 데 기인한다. 이순신이 독자적으로 고안한 거북선은 배 전체가 철갑으로 뒤덮여 있었기 때문에 철포(鐵砲)가 가까이 할 수 없었다. 따라서 물살의 흐름을 잘 몰랐던 도요토미 히데요시의 군대를 격퇴시킬 수 있었다. 다시 말해 과학기술에 대한 과학기술의 대항이었다.

스스로 사유한다는 것은 예부터 한반도의 몇몇 철학자의 자각적 입장이었다. 고려 시대의 승려 균여(均如, 923~973)의 『석화엄오교장원통초(釋華嚴五教章圓通鈔)』를 보면 화엄교학에서도 독자적 교리 해석을 하고 있다.[64]

---

63) 도요토미 히데요시의 신하로 한반도 침략의 선봉장에 임명된 무신.(옮긴이 주석)

64) 鎌田茂雄, 『朝鮮佛教史』, 東京大學出版會, 1987. 2, p. ii.

한국 불교에서 유화적(宥和的) 경향이 현저한 것은 이미 지적한 바 있으나 철학 사상 면에서도 각자가 스스로 생각해 도리를 추구한다는 입장에 서 있다면, 종파나 학파의 구별은 이것을 초월하지 않을 수 없게 된다.

한국 불교에서 가장 영향력이 큰 지눌은 이통현(李通玄)의 『신화엄경론』을 읽고 선(禪)의 종지(宗旨)와 화엄의 가르침이 하나임을 깨달았다.[65] 이러한 기풍은 사회에 널리 침투되어 있는 것 같다. "예전 조선 왕조 시대에는 '선비'가 존경받았다. 그들은 권력에 아부하지 않고 권력을 떠난 세계에서 학문을 갈고 닦아 사회 진보에 공헌한 학자들이다."[66]

조선시대의 유학자 노소재(盧蘇齋, 1515~1590)는 선학(禪學)의 영향을 많이 받은 사람이었지만, 불교의 윤회설이나 지옥 또는 극락설에 관해서는 크게 반대했다.

한국인의 역사상(歷史像)은 주자학을 중심으로 성립했다. 이익(李瀷, 1681~1763)의 『삼한 정통론(三韓正統論)』은 특히 중국 주자(朱子)의 『강목(綱目)』에 영향을 받았다. 그러나 그곳에는 분명히 다른 태도가 보인다. 주자처럼 자신이 몸담은 왕조에 대한 의리를 우선하는 것이 아니라 조선 민족 역사에 일정한 계통을 세우려고 했다. 단군 조선에서부터 시작한 조선 역사의 변천 과정에서 하나의 계통을 찾아내려고 했다.[67]

이퇴계(李退溪, 1501~1570)의 입장은 '역사주의'라고 평하고 있는데, 그

---

65) 前揭書, p. ii.

66) 李佑成, 前揭書.

67) 前揭書, pp. 119-122.

는 가까운 길이나 미지의 새로운 길을 찾지 않고 옛 어른들에 의해 만들어진 올바른 길을 성실하게 걸었다. 그는 옛 어른들의 경험을 토대로 한 계승과 발전을 올바른 학문의 길로 설정했다. 그런 입장에서 편찬된 『송계원명리학통록(宋季元明理學通錄)』은 중국 역사학의 원형을 초월해 사상사 · 정신사적 접근을 했다고 평가되고 있다.[68]

양명학 문제를 깊이 생각하고 있던 정인보(鄭寅普, 1893~1950)는 학문에서 학파의 교리에 얽매임이 없었다. 그래서 다음과 같이 말하는 것이 그의 기본 견해였다.

> 그것은 "나는 양명학자다. 그러므로 아무래도 양명학을 보호하고 지키지 않으면 안 된다" 또는 "나는 양명학가 아니다. 그러므로 양명학을 배척하지 않으면 안 된다"고 하는 논법을 만들어내는 위험성이 내재되어 있다. 그렇게 되면 학계에서는 도그마(dogma)를 공격하기 위한 도그마가 만들어진다. '그러므로' 이 4개의 문자가 말하자면 학문 세계에 사심(私心)을 불러일으키게 된다. 이것은 천하의 공의(公議)를 흐리게 하는 근원이 된다. 반대로 그와 같은 경화된 학문상의 전제가 없으면 어떠한 경우에도 꾸밈없이 마음에 따를 수 있어 일체의 허위는 없어질 것이다.[69]

한발 더 나아가 홍대용은 청나라에 가서 풍부한 학문의 전통에 놀

---

68) 前揚書, p. 206.

69) 金泰俊, 『虚學から實學へ—18世紀朝鮮知識人洪大容の北京旅行』, 東京大學出版会, 1988, p. 66.

라움을 금치 못했는데, 양명학에 경도되었으면서도 양명학을 비판하고 있다.

> '치양지(致良知)'라는 양명의 주장 자체는 그 누구도 잘못이라고 단정할 수 없는 경지다. 다만 이 입장은 도리를 규명함에 노력을 선행시키지 않으면 동쪽을 가리키면서 서쪽이라 하고, 도둑을 아들로 잘못 아는 결과가 되기 쉽다.

그는 또 색채와 눈의 관계에 대한 비유를 제안해 사물의 이치를 연구하여 후천적인 지식을 명확히 한다는 '격물치지(格物致知)' 문제를 논하고 있다. 즉, 인간의 눈은 이 세상의 모든 색채를 볼 수 있는 기관이다. 그러나 눈이 보인다고 해서 이 세상의 모든 색채가 보이는 것은 아니다. 소리나 맛에 대해서도 마찬가지 이론이 성립한다. 즉, 인식의 가능성과 현실의 인식 자체에는 차이가 있을 수 있다. 이 점에서 보면 왕양명의 의견은 정당성이 결여된다고 말한다.

> 눈은 이 세상의 모든 색채를 볼 수 있다. 그러나 만약 붉은색과 보라색이 정색(正色)을 어지럽힌다면, 인간은 이미 시각을 잃어버린 것과 다름이 없다. 귀는 이 세상의 모든 소리를 들을 수 있다. 그러나 정성(鄭聲)이 아악(雅樂)의 지위를 위협하게 된다면, 인간은 이미 청각을 잃은 것이나 마찬가지다. 입은 이 세상의 모든 맛을 볼 수 있다. 그러나 사악한 맛이 따뜻한 국물에 섞여 있다면, 인간은 이미 미각을 상실한 것이나 마찬가지다. 그러므로 배워 알아 노력해 행

하기 위해서는 현명한 선각(先覺)에게 물어 자신의 잘못을 바로잡지 않으면 안 된다.[70)]

이러한 입장에 선다면, 이단(異端)이란 있을 수 없다. 그의 말은 날카롭다.

설혹 이단의 학문이 다방면에 있다 할지라도 마음을 청정하게 하고 이 세상을 구제하며, 자신을 다스리고 타인을 다스리는 목표에서는 그것들은 모두 같은 것이다. 자기를 위해서는 자기가 좋아하는 것에 종사하고, 남들을 위해서는 그들이 선한 행위를 할 수 있도록 인도한다면, 그 어떠한 해악도 나오지 않을 것이다.

대저 사물을 하나로 정연하게 정리하기는 어렵다. 그중에서도 마음은 가장 어려운 것이다. 인간 모두 존엄하며, 좋아하는 것이 각기 따로 있기 때문이다. 그 누가 이것을 잘 통일시킬 수 있을 것인가. 그러므로 각각 그 선(善)을 갈고 닦아 그 장점을 살려 발전시켜 사욕을 버려야 한다. 그리고 풍속을 잘 인도하는 것을 목표로 삼는다면, 대동(大同)에 이르는 데 폐해가 있을 수 없다.[71)]

홍대용이 주장한 학문적 관용 정신을 근대 서양의 계몽주의자 볼테

70) 前揭書, p. 70.

71) 前揭書, p. 74. 홍대용이 이단적인 학문을 옹호한 것에 관해서는 같은 책 p. 73에서 볼 수 있다.

르(Voltaire, 1694~1778)[72]나 존 로크(John Locke, 1632~1704)[73] 등과 대비해 연구하는 것은 금후의 연구 과제일 것이다.

어찌됐건 이 합리적 사유가 앞에서 지적한 관용 · 유화 정신의 이론적 기초가 되었다. 그것은 단지 둘을 합쳐서 반으로 나누는 타협의 논리가 아니다.

(2) 한국 논리학의 한 측면: 유식무경비량(唯識無境比量)에 관해

인도의 논리학, 즉 인명(因明)을 수용함에 있어서 한국의 불교 학자들은 외국의 권위에 맹종함이 없었다. 그들은 비판적 입장을 취하고 있었다. 이 같은 시점에서 한국의 논리학자들의 각설을 거론함은 뜻 깊은 것이라 생각한다.

문제가 된 것은 '유식무경비량(唯識無境比量)'이었다. 그것은 다음과 같은 내용이다.

> 현장(玄奘) 삼장(三藏)은 인도를 출발해 귀국길에 오르기 전에 당시 인도의 대부분을 지배하던 대제왕 실라디티야[Siladitiya: 계일왕(戒日王)]가 개최한 대회에서 전국의 학자들 앞에서 "오직 식(識)만이 진실로 존재하는 것이고, 외계(外界)의 대상은 존재하지 않는다"라

72) 프랑스의 다재다능한 철학자로 계몽주의를 대표하는 작가.(옮긴이 주석)

73) 영국의 철학자이자 정치 사상가. 경험론과 계몽주의 창시자로 불린다.(옮긴이 주석)

는 추론(推論)['유식무경비량']을 말했을 때, 이 입론에 대해 어느 누구도 반대할 수 없었다고 한다.[74)]

종(宗): 眞故極成色離極成眼識. "최고 진리의 입장에서 보면, 이 세상 사람들에게 일반적으로 승인되고 있는 색채와 모양은 눈의 인식 작용으로부터 떨어져 있지 않은 것이다."

인(因): 自許初三所攝眼所不攝故. "왜냐하면, 색채와 모양은 자신의 파벌, 즉 유식파(唯識派)에서 승인하고 있는 18계(界) 중 최초의 3개인 안근(眼根, 시각 기관)과 색(色, 색채와 모양)과 안식(眼識, 눈의 인식 작용) 가운데 포함되어 있는 것이지, 부처의 눈 등에 미치는 눈 일반 속에 포함되어 있는 것이 아니기 때문이다."

유(喩): 猶如眼識. "그 점은 눈의 인식 작용과 마찬가지다."

이 논식에서는 "眞故(최고 진리의 입장에서 본다면)"라는 제한['간별(簡別)'이라는 의미]이 덧붙여져 있으므로 그 논리는 일반 사람들의 믿는 바에는 반하고 있지만, 자은(慈恩)대사 기(基)는 "세간 상위(相違)의 과실(일반 세상 사람들이 승인하고 있는 것에 모순된다는 오류)"은 아니라고 설명하고 있다. 그러면서도 이 입론은 감각적 지식을 떠난 최고 진리의 입장이라는 것을 승인하지 않는 사람들에 대해서는 설득할만한 효력이 없다. 즉, 인명(因明)에서 설

---

74) 窺基, 「因明入正理論疏」, 『大正新脩大藏経』 44권, p. 115中; 宇井伯壽, 『佛敎論理學』, pp. 323, 321; 『印度哲學硏究』 제5권, 岩波書店, p. 104 이하; 村上專精 · 境野黃洋, 『佛敎論理學』, 丙午出版社, 1918, p. 219 이하.

하는 "남에게 설하기 위한 추리[타비량(他比量, parārthānumāna)]"로서는 의미가 없다. 또 인(因), 즉 이유명제(命題)는 입론자와 반대자 양측이 함께 승인하고 있는 것(共許極成)이 아니면 안 되므로 자신만 승인하고 있음에 지나지 않는 명제를 이유로 지시하는 것은 논증(論證)으로서는 무의미한 것이다. 즉, 현장 삼장은 자신이 이해하기 위한 추리(推理, 자비량)와 남을 설득하기 위한 논증(타비량)의 구별을 충분히 이해하고 있지 않았다. 이 입론에 오류가 있다는 것을 신라의 순경(順憬)이 지적하고 있다.

한편 위의 유식무경비량 중의 이유명제(因)를 왜 '자허(自許)'라고 하는가에 대해 일본 선주(善珠)의 『유식분량결(唯識分量決)』[75]은 세 가지 해석을 들고 있으나, 그 첫 번째는 신라 원효의 해석이다.[76]

> 저쪽의 부정(不定)을 차단하고 자허(自許)의 말을 함. 살바타(설일체유부) 등은 이 인(因)으로 의해 부정(不定)의 과오를 만들어 말하기를, [극성(極成)의 색은] 우리 종(宗)의 후신보살의 실로 불선색(不善色)과 같이 초삼(初三)에 포함되나 눈에 포함되지 않기 때문에 안식에서 떨어지는 것이 정해진다. 안식(眼識)처럼 초삼에 포함되고, 눈에 포함될 수 없기 때문에 안식에서 떨어지는 것이 정해지지 않는다. 이 부정을 차단하기 위해 자허의 말을 한다. 저 가리키는 바에 따라 후신보살의 불선색은 이 입자(立者)가 자허의 초삼에 포함되는 눈에 포함되지 않는 바는 아니다. 저쪽에는 이 인(因)이 없으므로 부정(不

75) 大正藏 제71권, p. 451中 이하.

76) 『應師元曉師等皆云』, 大正藏 제71권, p. 452下.

定)이 아니다. 공비량(共比量)에 의해 비단 자소락(自所樂)의 종(宗)을 이룰 뿐 아니라 또한 저쪽을 깨뜨려버리므로 이런 까닭에 저쪽의 부정은 바로 불□라고 이름 붙인다. 공량(共量)이 이미 이러하므로 타량(他量)도 역시 그러하다.[77](282)

그 취의(趣意)는 다음과 같다.

이유명제(命題)를 세우는 방식의 여하에 따라서는 주장명제(결론)가 진위(眞僞)를 부정(不定)하는 경우가 여러 가지 있다. 그 가운데 다른 '부정'이 되는 경우가 일어나지 않도록 그것을 피하기 위해 "자파(自派)의 인정하는 것에 의한"[자허(自許)]이라고 하는 한정을 붙이고 있다. 실제로 설일체유부[78]에서는 "왜냐하면 초삼(初三)에 섭(攝)한 안섭(眼攝)하지 않으면

---

77) 遮他不定, 說自許言. 薩婆多等, 爲此因作不定過云, [極成之色]爲如我宗後身菩薩實不善色, 初三所攝眼所不攝故, 定離眼識, 爲如眼識. 初三所攝服所不攝故, 非定離眼識耶. 爲遮此不定敬, 說自許言. 由彼所指, 後身菩薩實不善色, 非是立者自許初三所攝眼所不攝, 彼無此因故非不定, 由共比量, 非但成自所樂宗, 亦破他故, 故他不定即名不口, 共量既然, 他量亦爾. 이것은 원래 원효 스님의 『판비량론』 가운데 나오는 문장이라고 여겨진다. 선주(善珠)가 다소 가필했을지도 모른다. 이 원문은 富貴原章信, 『判比量論の研究』(京都, 神田喜一郎 간행, 1967. 9)에 인용되어 있다. 원 한문 역시 富貴原 박사 집필에 준거한 점이 많다.

78) 설일체유부(說一切有部, Sarvāstivādin)는 '유부(有部)'라 약칭한다. 또 '설인부(說因部, HetuvAdin)'라고도 한다. 부파(部派) 불교 중에서 가장 우세하던 부파로, 기원전 1세기 중반 상좌부(上座部)에서 파생된 것으로 보인다. 가다연니자(迦多衍尼子, Kātyāyanīputra)가 『발지론(發智論)』을 저작해 그 교학을 대성시켰다. 『대비바사론(大毘婆沙論)』은 그 상세한 주해서다. 삼세실유(三世實有) · 법체항유(法体恒有)를 주장해 "주관적인 아(我), 즉 인아(人我)는 공(空)한 것이지만, 객체적(客體的)인 사물의 유형법은 삼세에 걸쳐 실재(實在)하는 아공법유(我空法有), 인공법유(人空法有)"라고 했다. 이 부파의 정통설로 보는 바스미트라[세우(世友)]의 설명에 의하면, 삼세에 걸쳐 실재하는 이들 법은 항상 본질[svabhāva, 자성(自性)]을 지키면서도 작용이 아직도 작동하지 않아 현실적으로는 작용하고 있어 이미 작동을 마쳤다고 하는 작용의 세 가지 방법에 의해 미래 · 현재 · 과거의 법으로 구분되고 있다. 인간에게는 오온(五蘊)이 순간순간에 변화하면서 지속하고 있다는 오온 상속설을 설하고 있다. 그 결과, 현재유체(現在有體) · 과미무체(過未無體)를 주장하는 대중부(大衆部)

안 되는 곳이기 때문"이라는 이유명제를 세우면, 결론이 부정(不定)이 되는 일이 있다고 주장하고 있다.

① 설일체유부에서 상정하고 있는 "뒷날 생존한 보살"의 실체로서의 불선(不善)의 형체(いろかたち)와 같이 처음 세 가지[안근(眼根)과 색(色)과 안식(眼識)] 중에 포함되어 있지만, 부처의 눈 등에 미치는 안(眼) 일반 속에 포함되어 있는 것이 아니므로 극성(極成, 만인이 인정하는)의 색(色, 색채와 유형)은 안식으로부터 떠나지 않는다고 말하는 것인가?

② 또는 안식(眼識)과 같이 처음의 세 가지 중에 포함되어 있지만, 부처의 눈 등에 미치는 눈 일반 중에 포함되어 있지 않기 때문에 극성(極成)의 색(色)은 안식으로부터 떨어져 있지 않는다고 말하는 것인가?

어느 경우로도 해석할 수 있으므로 결론은 진위의 부정(不定)이 되어버린다. 그러므로 부정이 되지 않도록 "자허(自許, 자기의 학파를 인정하는 것)의"라는 제한을 붙이고 있다.

이 단편(斷片)의 후반에는 빠진 글자도 있어서 명확하게 해석하기 어렵지만, 대체로 이상과 같은 내용으로 해석할 수 있다. 그렇다면, 원효

또는 경량부(經量部)와 대립해, 또 서력기원 전후에 일어난 대승불교도 공(空)이론을 전개해 유부의 설을 비판하게 되었는데, 유부는 의연하게 큰 세력을 보유하게 되었다. 이 『대비바사론』의 교리를 세친(世親)이 경량부의 입장에서 비판을 더해가면서 정리한 논서가 『구사론(俱舍論)』이다. 중현(衆賢, SaMghabhadra)은 또 구사론을 비판해 유부의 정통설을 분명히 하기 위해 『순정이론(順正理論)』을 저술했다.(옮긴이 주석)

의 입장은 현장(玄奘)에 대해 동정적이며 해석학적이다. 그러나 순경(順憬)이 지적한 결점을 회통시킨다고는 할 수 없다.

그와 동시에 현장의 소론(所論)은 실질적으로는 논증이 되어 있지 않다. 왜 그런가 하면, 자신의 학파에서만 인정하는 것을 논거로 거론한다면, 논적(論敵)을 승복시킬 수 없기 때문이다. 이 구조를 원효는 결코 놓치지 않았다.

또 유식무경비량(唯識無境比量)의 인(因)에 "처음 세 가지에 포함한다"고 하고, 또 "안근(眼根)에 포함하지 않는다"를 더하고 있는 것은 자은대사(慈恩大師) 기(基)의 『소(疏)』에 의하면, 부정(不定)의 과(過)와 법자상(法自相)과 결정(決定)의 상위(相違)의 잘못을 피하기 위해서다.[79] 이에 관해 선주(善珠)의 『명등초(明燈抄)』에는 "원효 법사의 판비량론에 소승이 만든 결정상위(決定相違)의 잘못을 비교하다"라고 하고, 그 글을 인용했다.

> 만약 오근(五根)이 실로 호용(互用)한다고 하는 종(大乘)을 대한다면, 바로 응하여 입언(立言)한다. 진정한 까닭으로 극성(極成)의 색은 극성(極成)의 안식(眼識)에서 떨어져야 한다. 자허(自許)는 "초삼(初三)에 포함하고, 안식에는 포함되지 않는 까닭에 안근(眼根)과 같다." 만약 이 어려움을 만들면, 또한 부정(不定)을 떠날 수 있다. 대승(大乘)의 종(宗)은 극성(極成)의 안식(眼識)이 반드시 안(眼)의 인연을 필요로 하지 않기 때문에 이 안근(眼根)은 모두 동품(同品)이 된다. 안식(眼識)에 포함되지 않는 인(因)은 이 안식에 있어서 정유(定

79) 富貴原, 앞의 책, p. 66.

有)다. 극성(極成)의 안식은 그 이품(異品)이 되어 저쪽(안식)에 있어서 편무(遍無)가 된다. 그러므로 부정(不定)이 능히 적량(敵量)을 만드는 것은 아니다. 이상.[80]

"소승(小乘)이 만든 결정상위(決定相違)의 잘못"이라고 해도 소승불교는 논리학을 발전시키지 않았기 때문에 소승불교가 그 어떤 오류를 지적하고 있음이 아닐 것이다. 이에 다음과 같은 의미로 해석해야 할 것이다.

소승불교에 의하면, 시각(視覺)작용은 반드시 눈에 의해 일어난다. 눈과 시각작용 사이에는 대응 관계가 있다. 그런데 대승불교에 의하면, 수행이 진전되어 일정한 단계에 이른 보살은 5근(根)이 호용(互用)한다. 예를 들면 눈은 보는 것만이 아니라 듣기도 하고, 냄새를 맡기도 하며, 맛을 보기도 할 수 있다. 이같이 소승과 대승 양측의 주장은 극히 대립되어 있어 그 어느 쪽이 올바른지 단정하기 어렵다.

이와 같이 이유를 붙이는 것을 '상위결정(相違決定, anaikāntiko viruddha-avyabhicāra)'이라 한다. 이는 두 개의 이유명제(命題)가 함께 상호 모순된 두 가지의 별다른 주장인 명제를 정당하게 결정하여 정할 경우를 말한다. 부정인(不定因)의 하나로 오류가 된다. 논증력(論証力)이 없는 것이다. 예컨대, "소리는 무상하다. 소작성(所作性)이 있기 때문이다. 병(瓶) 등과 같다"라는 논식과 "소리는 상주한다. 들리는 것이기 때문에 소리의 성질

---

80) 若對五根實互用宗, 則應立言, 眞故, 極成色離極成眼識. 自許, 初三攝, 眼識不攝故. 猶如眼根. 若作是難, 亦[可]離不定. 以大乘宗極成眼識必不緣眼故. 此限根爲共同品, [眼]識不攝因於此定有, 極成眼識爲其異品, 於彼遍無, 故非不定能作敵量 巳上(善珠, 『因明入正理論明灯抄』 卷第三末, 大正藏, 68권, p. 317上). 거의 같은 글이 『인명대소초(因明大疏抄)』 제14권(大正藏, 68권, p. 522中)에도 「曉法師判比量」의 글을 인용하고 있다.

과 같이"라는 논식이 서로 모순하면서 대립하고 있어 그 어느 쪽도 상대방의 주장을 논파할 수 없다. 이 같은 경우에 빠지지 않도록 현장스님은 "진(眞)이기 때문에"라는 한정을 더하고 있다고 원효는 해석하고 있다.

한국의 인명(因明)학자들은 대개 '지각(知覺)'[현량(現量)]이라든가, '추리(推理)'[비량(比量)]라는 난해한 문제에 진지하게 대응하고 있다. 그리고 칸트 철학에 이 식(式)으로 다룰 수 있는 이율배반(二律背反, Antionomie) 문제가 이미 한국의 인명학자들에 의해 '상위결정'이라는 이름하에 논의되고 있다. (이것은 일본 나라시대의 인명학자들에 대해서도 적합하다고 볼 수 있다.) 이렇게 말하면, 사람들은 정말 그렇다고 생각하지 않을지 모르겠지만, 이것은 정말 그렇다. 오류론의 검토는 인명학자들이 심혈을 기울여 주목했던 것이다. 그리고 그 한 단면이 원효와 순경(順憬)이 유식설을 논의한 경우에도 그 모습을 보였다.

어느 정도의 범위에 관해 말할 것인가는 잘 알 수 없지만, 합리주의적 사고라는 것은 한국인 가운데 살아있다.

8
심미감(審美感) 문제

한국인의 심미감의 한 가지 특색으로 느낄 수 있는 것은 선명한 단색 아름다움이다. 일본의 많은 사원은 수수한 색조를 보이고 있으나, 한국의 사원 특히 법당은 대단히 풍부한 색채, 즉 적색, 녹색, 황색, 백색 등 많은 원색을 사용하고 있음을 알 수 있다. 이에 비해 승려들이 거주하는 승방 또는 수행처(선방)는 아무 색도 사용하지 않고 있으나, 경우에 따라서는 황색과 백색을 사용하고 있음도 볼 수 있다. 그 이유로 법당은 신자들이 참배하러 오기 때문에 될 수 있는 대로 그들의 마음이 끌리도록 선명한 색을 사용하고 있다. 이에 대해 승방과 선방은 수행처이므로 화려한 색은 사용하지 않는다.

또 일반인들의 일상생활에서도 여성의 전통적 복장에서 상의인 저고리와 하의인 치마에 버선을 신는 한국 부인들의 의상은 실로 아름다운데, 단색 아름다움이다. 자연미를 들여오는 일 같은 것은 전혀 없다.

또한 한국 요리는 다채롭고 풍부한 맛을 자랑하는데, 일본 요리와 같이 자연 그대로의 모습을 살리는 형태는 볼 수 없었다. (이것은 혹 한국의 풍토가 대체로 대륙적인 것과 관계가 있을지도 모른다.) 이에 비해 일본인의 자연 애호에 대한 태도가 특히 도드라지는 것을 알 수 있다. 이와 동시에 오늘날 일본인의 기호가 급격히 변화되고 있음을 부정할 수 없는 것도 사실이다.

한국의 자연은 아름답다. 나라가 남과 북으로 갈려 전쟁으로 인해 상당한 범위의 국토가 황폐해졌으나, 최근에는 완전히 깊고 울창한 자연의 모습을 되찾았다. 이 같은 관점에서 자연미를 애호함은 일본과 마찬가지라고 생각하고 있었다. 그런데 어느 한국인은 "일본인은 자연 애호심이 없다"고 말한다.

일본인은 생화로 꽃꽂이(이케바나)하는 것을 좋아한다. 살아있는 꽃을 잘라와 자기가 좋아하는 유파의 의식에 맞추어 즐기는 것이다. 이는 꽃의 자연미를 죽이는 것이다. 그것은 일본인의 잔혹성을 보여준다. 그러나 자고로 세계 각국 그 어느 나라로부터도 "생화 꽃꽂이는 일본인의 잔혹성을 보이고 있다"는 비평은 받은 적이 없었다고 생각한다. [그러나 전위적(前衛的)인 꽃꽂이는 내게도 잔혹하다는 인상을 준다.] 그러나 내가 볼 때, 사실상 한국에서도 꽃꽂이가 행해지고 있다. 그렇지만 일본 같은 복잡한 유파의 의식 같은 것은 없는 것으로 알고 있다.

일본인은 담장으로 둘러싸인 저택 속에서 자연의 풍경을 모방한 것을 표현하고 있다. 산수와 샘, 돌 등을 인위적으로 만든다. 소위 상자 속의 정원이다. 그러나 문 밖에 있는 자연 경관의 파괴에 관해서는 태연하다. 그런데 한국의 전통적 건축 양식에서는 집안 마당 안에 정원을 만드는 일은 거의 없다. 집 주위의 언덕이나 동산은 그대로 남겨놓아 어느 집에서도 그 자연 경관을 바라볼 수 있도록 하고 있다. 만약 언덕이나 동산에 무엇인가 건물을 세운다면 그것은 불교 사원을 건립할 때뿐이다.

불교에서 유래한 꽃의 심벌은 살아있었다. 충청남도 부여의 박물관 밖 정원에 세워져 있는 여섯 개의 기둥에 주황색으로 장식한 육각당 속에 '부여석조(扶餘石槽)'라는 이름이 붙은 큰 돌화분(bowl)이 있다. 그 옛날 정무를 보던 건물인 동헌(東軒)에 세워져 있던 곳이다. 화강암으로 만들었는데, 상 · 중 · 하 세 부분으로 나누어져 있다. 둘레에는 열게 보이는 연꽃의 잎이 새겨져 있는데, 그 돌화분 속에 물을 넣어 연꽃을 기르고 있었다. 부여 박물관에는 능산리 백제 고분 천장 벽화(7세기 초 무렵)의 모사 그림이 전시되어 있었는데, 그것은 「연화유운문도(蓮花流雲文圖)」였다. 많은 연꽃이 묘사되어 있는 가운데 그사이로 구름이 흘러가고 있는 것을 표현했다.

이상 여러 예를 들었는데, 한국인은 독특한 방법으로 자연미를 인정하고 즐기고 있음을 알 수 있다.

맺는말

한국 민족의 사유방법을 하나로 정리해서 논하는 것은 매우 어렵다고 할 수 있다. 일본인의 경우보다 훨씬 어렵다. 그 이유는 일본인은 비교적 단일 민족 또는 단일 국가를 형성하고 있었지만, 한국은 남쪽에는 대한민국, 북쪽에는 조선민주주의인민공화국이라는 두 개의 나라로 분할되어 있기 때문이다. 이런 상황은 결코 한반도인이 원해서 그렇게 된 것이 아니다. 즉, 배후에 여러 열강에 의해 만들어진 현실이 있다고 본다.

나는 북한 사람들과 직접 교류한 일이 없으므로 먼저 남쪽의 한국 사람들만 다루기로 했지만, 그것도 그렇게 만만한 것이 아니며 하나로 정리해서 논하기는 곤란하다. 북한 사람들은 인종적으로 북아시아 제 민족에 연결되어 있는 것 같다. 또 남한 사람들도 하나로 말할 수는 없다. 예컨대 경상북도 또는 경상남도 사람들 — 즉, 고대로 말하면 신라 사람들 — 과 전라북도와 전라남도 사람들 — 즉, 고대의 백제 사람들 — 은 생활양식과 행동 등 많은 부분에 걸쳐 다르다. 이것이 정치에도 영향을 주고 있다. 오늘날도 그 옛날 신라와 백제의 대립성이 살아있는 듯한 느낌이다.

이 같은 사정을 고려하면, 전면적인 결론 같은 것은 도저히 나올 수 없겠지만, 이전에도 지적한 바와 같이 한국 민족에 대한 여러 특징에서 보면, 다음과 같이 말할 수 있지 않을까 생각한다.

한국인의 사유방법은 공상적(空想的)이 아니라 대체로 생활 현실에 맞추려고 한다. 이런 점은 일본인의 경우와 상당히 닮은 부분이라 할 수 있을 것이다. 그러나 생각지 않은 부분에서 일본인 또는 중국인과 다른 사유방법을 보이고 있는 것은 이미 지적한 바와 같다.

이상 한국인의 사유방법의 특징으로 보이는 것, 또는 문제가 되는 것을 약간 지적해 고찰했다. 이것은 다만 실마리를 풀기 시작함에 지나지 않겠지만, 한국 문명을 이해할 수 있는 단서가 될 뿐만 아니라 다른 제 민족의 사유방법을 이해하기 위해서도 필요한 절차일 것으로 생각한다.

한국인에게 가장 가까운 민족 또는 인종이라 하면 필경 일본인일 것으로 생각하나, 한국인의 사유방법의 특징을 찾아내보면, 그와는 대비되는 일본인의 사유방법의 특징이 상당히 깊게 떠오르고 있는 것 같다.

부편(付篇) 1

한국에 대한 일본의 사상적 기여

한국에서 편지 봉투에 붙어 있는 우표 중에서도 일반적인 200원짜리 우표에 나와 있는 초상은 안중근이다. 현대 한국인에게 잊을 수 없는 가장 존중되고 있는 위인은 이토 히로부미(伊藤博文)를 죽인 안중근이다. [이렇게 보면, 안중근이야말로 한국인의 혼백 자체다. 이 같은 사고방식을 고려할 때, 이토 히로부미의 초상화를 지폐에 인쇄해서 오랫동안 한국인이나 한국계 재일 거류민에게 아무 생각 없이 사용하게 한 일본의 정치가나 관료들의 둔감함은 어이없는 것이 아닌가.] 한국인은 일본의 통치 지배의 폭압을 절대 잊지 않는다. 언제나 안중근의 얼굴을 보게 되니 잊을 리가 없지 않을까. 그렇다고 해서 반드시 일본인을 적대시함을 의미하는 것은 아니다. 과거에 있었던 일본 통치를 잊지 않고 있는 것이다. 그것은 지켜야 할 것을 분명히 짚고 넘어가는 것을 의미하는 것이기도 하다.

일본은 한반도에 문화 파괴만 일삼아온 것처럼 보인다. 그러나 당시 조선총독부의 방침에 대해 한민족의 독특한 미를 보존해야 함을 역

설한 일본인도 있었다. 예컨대 야나기 무네요시(柳宗悅, 1889~1961)[1]를 들 수 있다. 그는 현재도 최대한의 경애심으로 한국인으로부터 찬양되고 있음을 알 수 있다.

최근에 특히 주목되고 있는 것은 한국과의 융합을 절실하게 원한 선승 다케다 한시(武田範之, 1863~1911)[2]의 사상 활동을 들 수 있다.[3] 그는 불교 철학에 의해 한반도 사람들과 협력해 새로운 세계를 만들 것을 꿈꾸었다.[4] 즉, 서양인의 압박에 대응해 전통을 지키려고 한 점에서 동학당과 다케다는 일맥상통하는 공통점이 있다. 그러나 그것을 압살한 것은 '탈아론(脫亞論) → 일본 군벌 → 조선총독부'였다. 탈아론은 오늘날 일본에서 아직까지도 지배적이라고 할 수 있는데, 다케다 한시가 목적하고 원했던 것은 여기에 아주 대립되는 것이었다.

현대화가 되면서 그런 상황은 변하고 있었다. 그 예전 백제의 수도에 있던 부여는 백마강[일본 사료에서는 '백촌강(白村江)'이라 함]에 만들어진 백제교(百濟橋) 옆 조용한 소나무 숲속에 일본 불교도들과 한국 불교도들[이방

1) 일본 민예 운동을 일으킨 사상가, 미학자, 종교철학자. 도쿄 출생으로 동경제국대학 졸업. 특히 한국의 민예를 지극히 사랑하고 아껴 일본 도쿄에 일본민예관을 만들어 전시해 많은 사람에게 공개해 한국인으로부터 많은 찬사를 받았다. 일본 문화 공로자로서 집필 활동도 열심히 했던 사상가로 널리 알려져 있다.(옮긴이 주석)

2) 일본 메이지시대의 조동종 승려로, 1891년 한국에 입국해 갑오경장 시대, 청일전쟁 개전 등에 관계했다. 민비 암살 사건에도 관여한 것으로 알려져 체포되는 등 한일합방 운동을 전개한 후, 49세를 일기로 사망. 그러나 이같이 알려진 그의 국가주의자적 사상과 행동은 나카무라 박사와 새로운 학설에 의하면 당시 유행했던 탈아론(脫亞論) → 일본 군벌 → 조선총독부에 의해 조작된 것으로, 그의 인본주의와 한일 양국의 융화로 인한 화합 아시아적인 사고방식과는 근본적으로 다름을 지적하고 있음은 특기할 만하다고 볼 수 있다.(옮긴이 주석)

3) 市井三郎 · 滝沢誠 編, 川上善兵衛 著, 『興亜前提史, 武田範之伝』, 日本經濟評論社, 1987. 5.

4) 拙論, 「朝鮮との融合を切願した禪僧武田範之の思想」, 앞의 책, pp. 795-803.

자(李方子) 여사를 포함한]이 세운 대리석 기념비가 있다. 이 기념비에는 '불교전래사은비(佛敎傳來謝恩碑)'라고 기록되어 있다. 1972년에 건설했으며, 일본 측의 중심인물은 일본 불교 단체인 국주회(國柱會) 총재 다나카 고보(田中香浦) 스님이었다. 그 같은 것을 세울 바에는 일본이 약탈해간 불상을 되돌려달라는 한국인의 원성을 들은 적도 있다. 그러나 그것과 이것은 별개의 문제이므로 '사은비'를 세운 것은 좋은 일을 했다고 생각한다.

대저 도(道)는 사람들 사이에 퍼지게 됨에 따라 그 보편적 의의를 획득하고, 그렇게 해서 사람들은 자기를 발전시켜 향상될 기회를 부여하게 된다. 불교는 모든 민족 사이에 홍포됨에 따라 그 내용을 풍부하게 하며, 구체성을 발휘해왔다. 1977년 10월에는 한국의 수도 서울에서 한일불교학술교류회의 창립총회가 열렸다. 1978년에는 한국과 일본의 독지가들 사이에 '한일불교교류협의회'가 성립하여 『일한불교(日韓佛敎)』라는 잡지도 발간하기 시작해 1988년에는 제8호를 간행했다. 또 한일불교학술회의가 한일 양국에서 순차적으로 개최되고 있다.

종래 일본에서는 동경대학이 조선사 강좌가 설치되어 있는 유일한 공적 연구 기관이었는데, 금후에 연구가 진전될 것으로 생각된다.

'한국의 문화, 특히 불교로부터 무엇을 배울 것인가?'라는 것도 문제이며, 또 일본 문화를 밝히기 위해서도 한국 문화를 알 필요가 있다.

불교에 의한 정신적 교류는 필경 세계적 규모로 행해지고 있을 것으로 여겨지나, 그러기 위해서는 제일 먼저 가장 가까운 동포(同胞)[5]인 한

5) 저자는 일본에서 뿌리 깊게 존재하는 한국인에 대한 차별의식이 지금 현재도 계속되고 있는 현 실정에, 한국인에 대한 차별의식을 종식시키기 위한 철저한 평등주의에서 일본인이 한국인보다 뛰어남이 결코 없음을 주장한다. 이 표현은 일본인들의 의식구조를 변환시키기 위한

국인과 일본인이 손을 맞잡고 긴밀하게 협력할 필요가 있다. 유라시아대륙의 가장 동방에 있는 한일 양국이 내걸고 있는 불교 흥륭(興隆)의 등불은 암흑 속에 덮여 있는 현 세계에 광명을 가져올 것이다.

평등사상인 휴머니즘의 관점에서 그 어느 일본인들도 결코 입에 담지 않는 철저한 대등주의에서의 발언이며, 생애에 걸쳐 이 같은 사상은 일체 변함없이 일관했다.(옮긴이 주석)

부편 2

일본에서 보존·발견된 한국의 불교 전적

일본의 불교는 한국에서 이입된 불교에 의해 발전·성립했다. 그러나 일본이 한국 불교에 기여한 점도 있다. 그 하나는 한국 불교의 중요한 전적(典籍)을 일본의 봉건 제후가 설립한 도서관에 보존하고 있었다는 것이다.

예컨대 『화엄론절요(華嚴論節要)』는 고려 희종(熙宗) 3년(1207) 정월 8일 조계산 수선사(修禪社)에서 보조국사(普照國師) 지눌(知訥, 1158~1210)에 의해 편찬되었는데, 묘에 쇼닌(明恵上人)은 1212년 『최사륜(摧邪輪)』을 저술했다. 『최사륜』에 『화엄론절요』에서 인용한 문장[1]이 있다. [가마쿠라(鎌倉)의 엔슈(圓種)가 『절요』에 가점(加點)한 해보다 83년 전이다.] 그 『절요』가 인멸되어 한국에서는 찾아볼 수 없었는데, 1968년 김지견 박사에 의해 출판되어 학자들이 그 본문을 읽어볼 수 있게 되었다.

---

1) 『鎌倉舊佛敎』, 『日本思想大系』 제15권, 岩波書店, 1971, p. 65.

사명(泗溟)대사(1544~1610)의 서화(書畵)도 최근 교토(京都) 고젠지(興禅寺)에서 이종익 교수에 의해 발견되었다.

신라 원효의 『판비량론』 단편이 교토에서 간다 기이치로(神田喜一郎) 박사에 의해 출판되었으며, 원효의 『이장의(二障義)』는 오타니(大谷)대학에서만 소장하고 있다. 신라시대의 저술은 그 원전이 인멸되어 전해지지 않고 있는 것들이 많은데, 『대일본불교전서』 가운데 인용문이 상당히 많이 남아 있다.

아래에 김지견 박사가 출판한 『균여대사 화엄학 전서』에 저자가 쓴 서문을 게재하기로 하겠다.

일본 불교가 독자적인 전개를 보이기 이전에는 먼저 한국 불교가 이식되었다고 하는 것은 그 누구라도 승인하고 있는 사실이다. 일본 나라현의 고사(古寺)와 한국에 현존하는 고사 사이에는 너무나도 유사한 점이 많음에 우리는 놀람을 금할 길이 없다. 그럼에도 한국의 불교가 우리나라 일본에 알려지지 않고 있음 또한 분명한 사실이다. 가장 가까운 나라이면서 정치적 이유로 인해 한일 양국 사이에서 문화교류가 바람직하게 진행되고 있지 않다. 이 같은 현실을 우리는 매우 유감스럽게 생각하고 있었는데, 지금 여기에 김지견 박사의 출현으로 일본의 불교 연구와 한국 불교 사이에 원활한 교류 또는 통합이 실현될 수 있는 발판이 만들어지게 된 것은 더할 나위 없는 기쁨이라 생각한다. 김지견 박사는 다년간 일본에 유학해 최종적으로는 동경대학에서 박사학위를 받은 훌륭한 학자인데, 한일 양국 간의 수많은 사람의 격려와 후원에 의해 크게 성공했다. 김지견 박사는 일본 유학 중 고려시대 보조국사 지눌의 저술인 『화엄론절요』 전 3권을 일본에서 간행했다. 이 책은 한국에서는 이미 인멸되어 전하고 있지 않았던 것을 김지견 박사가 일본 가나가와현 요코하마시에 있는 가나자와문고(金澤文庫)에서 발견해 세상에 선보이게 된 것이다. 그 밖에 자신의 많은 연구를 바탕으로 드디어 박사학위논문 『신라 화엄사상 연구』를 완성시켰다.

또 『균여대사 화엄학 전서』 상하 2권이 한국에서 간행되었다. 신라의 균여대사는 923년에 태어나 972년 51세로 입적한 화엄학자로, 일본의 헤이안(平安)시대에 해당한다. 일본에서는 거의 알려지지 않았지만 한국에서는 유명한 학자이며, 1075년(고려 문종 19년)에 『균여전』을 저술했다.

김 박사가 간행한 이 전서는 균여대사 저술 69권 중 현존하는 저서 전체, 즉 『화엄오교장원통초(華嚴五敎章圓通鈔)』 10권, 『지귀장(旨歸章)원통초』, 『삼보장(三寶章)원통초』, 『십구장(十句章)원통초』, 『법계도(法界圖)원통초』 각 2권을 합해 전 18권을 망라한 것이다. 균여의 방대한 저술도 대부분 산실되어버렸지만, 현존하는 저술을 총망라해 고전의 출처를 하나하나 명시하고, 현존하는 장경을 살펴 두주(頭註)와 해제를 붙였으며, 또 토를 달아놓은 것을 볼 때, 그 노고가 쉽지 않았음을 상상할 수 있다.

균여대사는 처음에는 '이두문'으로 저술했는데, 뒤에 판각할 때 한문으로 고쳐 해인사의 장외본(藏外本)으로 간행했다고 한다. 만약 그렇다면, 이 책에는 한국의 피가 흐르고 있음에 틀림없다. 균여대사는 한국에서 향가 「보현십원가(普賢十願歌)」의 작자로 알려져 있으므로 단순히 중국 문화를 모방한 사람은 아니었을 것이다. 일본에서 『화엄경』의 화찬(和讚)

은 만들어지지 않은 것 같다. 한국에서 향가가 만들어졌던 것은 그만큼 화엄사상이 한국 민중의 마음에 침투되어 있었음을 보여주는 것으로, 균여대사의 위업을 높이 평가해야 할 것이다.

화엄종 교학은 일본에서는 나라현 도다이지(東大寺)를 중심으로 전해지고 있으며, 일본의 묘에(明恵)[2]스님 같은 훌륭한 고승도 화엄사상을 천명하는 데 그 힘을 다했으며, 한국에서는 화엄사상이 중심이 되어 있다고도 할 수 있는데, 『균여대사 화엄학 전서』가 간행된 것은 한국 불교의 핵심에 다가선 것이다. 그리고 동쪽으로 나라현의 대불(大佛)부터 남쪽으로 인도네시아 보로부두르(Borobudur)에 이르기까지 퍼진 화엄사상이 한국에서는 어떻게 이해되고 있었는가는 흥미 있는 문제다.

또 법장(法藏)의 『삼보장(三寶章)』과 『오교장(五教章)』에 대한 균여의 주석에는 북종선(北宗禪)의 개조인 신수(神秀)의 「묘리원성관(妙理圓成觀)」이 전해지고 있다고 듣고 있으므로 선을 정당하게 이해하려고 하는 사람들에게는 이 책이 귀중한 보장(寶藏)이다. 최근에는 티베트에 전해져 티베트어로 알려진 신수(神秀) 계통의 사상이 주로 이탈리아 학자에 의해 왕성하게 문제 제기가 되었다. 아시아의 동쪽과 서쪽에 걸쳐 전해진 전적을 단서로 중국 본토의 북종선(北宗禪)을 평가하여 수정하는 일도 학자들의 연구 의욕을 자극하는 시도일 것이다.

특히 일본인으로서 흥미로운 부분은 균여대사가 "일본에 가고 싶다"고 한 후 입적했다는 전설이다. 균여의 전기가 이 전서의 마지막에 실려 있는데, 그 마지막 장을 보면 다음과 같이 기록하고 있다.

---

2) 묘에스님(1173~1232)은 일본 가마쿠라(鎌倉)시대 전기의 화엄종 승려. 현재의 와카야마(和歌山)현 출신으로 일본 화엄종을 중흥시킨 조사스님으로 불린다.(옮긴이 주석)

> 개보(開寶) 6년(973)에 김해부사(金海府使)가 아뢰기를, "금년 모월 모일에 어떤 이승(異僧)이 종려나무 삿갓을 쓰고 해변에 도착했습니다. 그 이름과 사는 곳을 물었더니, 스스로 비바시(毗婆尸)라고 말하고, '일찍이 5백 겁 전에 마침 이 나라를 지난 인연이 있다. 지금 보니 삼한(三韓)이 통일되었어도 아직 불교가 흥하지 않으므로 숙세의 인연을 갚기 위해 잠시 송악(松岳) 밑에 머무르며 여(如)자로 불법을 널리 펴고 지금 일본으로 가려고 한다'고 했습니다. 말을 마치고는 곧 사라졌습니다"라고 하였다. 임금이 이를 기이하게 여겨 그 날짜를 따져보라고 명했는데, 스님이 세상을 떠난 날이었다.[3)]

이 『균여대사 화엄학 전서』는 이미 한국에서 간행되었으나, 이번에 일본에서도 간행되니 기쁨을 금할 수 없다. 청하는 대로 일본 학계를 위해 소개하는 붓을 들었다. 앞으로 조예 깊은 전문 학자들에 의해 이 보장(寶藏)의 진가가 발휘될 것을 간절히 바라는 바다.(1977년 5월 7일)

---

3) 開寶六年中 金海府使奏云, 今年月日 有異僧 頂戴椶笠子 到海邊. 問其名居 自稱毗婆尸曰, 曾於五百劫前 會經此國締緣焉. 今見三韓一統 而佛敎未興. 故爲酬宿因 暫至松岳之下 以如字洪法 今欲指日本. 言訖卽隱. 上奇之 命推其日 是師順世之日也.

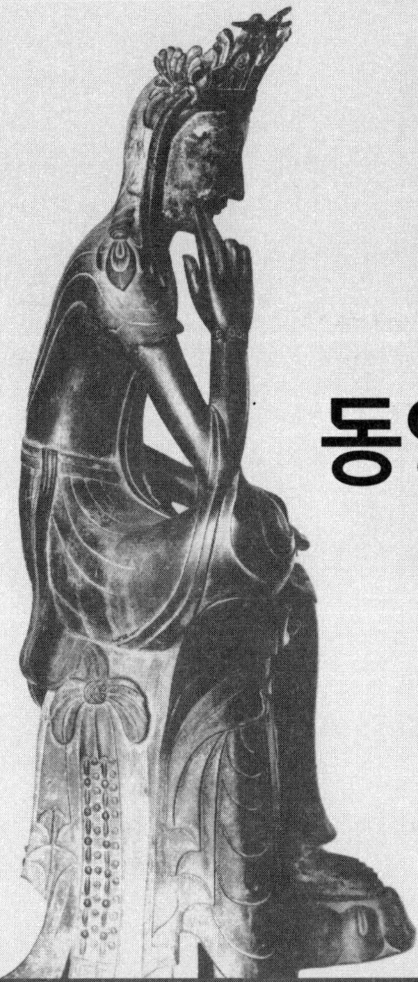

결론

동양사상이란 무엇인가?

1. 동양인의 사유방법 일반: 제반 문화현상과 동양인의 사유방법
2. 동양사상의 보편성과 특수성
3. 사유방법의 차이에 대한 인식 근거와 실재 근거

1
동양인의 사유방법 일반: 제반 문화현상과 동양인의 사유방법

이상에서 우리는 인도인, 중국인, 티베트인, 한국인을 중심으로 주변 여러 민족들도 함께 동양인의 사유방법을 고찰해왔는데, 마지막으로 다음 문제를 고찰하지 않으면 안 된다. 도대체 제 민족의 여러 가지 문화현상에 대해 우리 동양인 일반에 통하는 사유방법의 특징이라는 것을 인정할 수 있을까? 이 세상에는 '동양적'이라는 특성이 일본이나 서양에서도 자주 주장되며 강조되고 있다. 그런데 '동양적 사유'라는 것은 과연 존재하는 것일까? 이러한 의문이 있으므로 이와 같은 특성으로 자주 주장되는 것을 아래에서 음미해보도록 하자.

원래 '동양'이라는 것은 어느 정도의 범위를 가리키는 것일까? 또 그것은 하나의 단위로 정리될 수 있는 것일까?

예전의 일본인에게 '동양'의 관념은 없었다. 유럽이나 미국의 문명이 닥쳐들어 그 압력을 오싹오싹 느끼게 되고 나서부터 처음으로 '서양'

에 대해 '동양'을 자각하게 되었다. 그 이전의 옛날 일본인은 거의 모두 '동양'에 해당하는 뜻으로 '삼국(三國)'이라는 호칭을 사용해왔다.

일본인이 '삼국'이라고 호칭할 때는 천축(인도), 중국, 일본을 염두에 둔 말이다. 이 삼국 이외의 여러 민족과 국가는 '삼국'과의 관계 속에 포함시켜 생각한 것이 일반 일본인의 통념이었다. 에도시대 무사 정권이 막을 내린 이후 일본이 개국한 결과, 수많은 제 민족과의 접촉이 시작되어 '동양'이라고 할 때는 동아시아, 남아시아를 주로 생각했다. 그중에서도 일본 또는 한국과 중국 그리고 중앙아시아와 인도가 주된 존재였다.

이는 한국에서 말하는 '동양'에 대한 이해와 거의 대응하고 있다. 20세기 말 현재 한국인이 말하는 '동양'은 거의 한국, 일본, 즉 동북아시아다. 태국이나 베트남 등 동남아시아를 '동양'에 포함하기도 한다. 또 몽골도 '동양'에 포함하기도 한다. 그런데 한국인에 의하면, 이슬람 문화권, 유태인 문화권과 중동아시아는 동양권에 포함하지 않는다고 한다. 소위 실크로드는 한국어에서는 발음 그대로 '실크로드'라고 기록한다. ['해동(海東)'이란 한국을 의미하며, '동해(東海)'란 일본 해협을 의미한다.]

그러나 '동양'을 이 지역만으로 국한시키는 것은 협소하므로 더욱 많은 지역을 포함하지 않으면 안 된다는 주장이 일본에서 나타났다. 즉, 이슬람 문화권과 유태교 문화권도 '동양'에 포함하자는 것이다. 이 경우의 '동양'이란 거의 아시아에 상당한다. 이 같은 주장의 계보를 찾아보는 것은 현재로서는 어렵지만, 이 주장을 한 첫 번째 그룹은 제2차 세계대전 이전의 대동아주의(大東亞主義)의 확장적 해석이었다. 거기에는 동양주의자들이 새로운 다른 민족적 전통을 알았을 때의 감격이 작용하고 있었다. 이에 대해 두 번째 그룹은 제2차 세계대전 이후인 1960년경에 이미 나타나고 있었는데, 종래 무시되어온 이들의 문화적 전통을 고려하라는 것이었다. 이들 문화권을 무시해서는 안 된다는 주장에 밀려서 나타났을 것이다.

근년에 이르러 이슬람 문화권과 유태교 문화권의 중요성을 인정하지 않으면 안 된다는 소리가 특히 일본 국내에서 높은데, 세계적으로 중요한 그들 문화권의 중요성을 인정해야 한다는 것은 극히 당연한 일이다.

그러나 이것을 '동양'에 포함해야 할 것인지 아닌지를 결정 지으려면 여러 문제를 고려하지 않으면 안 될 것이다.

일본인 입장에서 보면 한국, 중국, 인도 등의 문화는 일본 문화의 전통을 형성시키는 데 유용했다. 그리고 일본인에게는 친근성 있는 나라들이다. 그렇지만 이슬람 문화권과 유태교 문화권의 문화는 과거의 일본으로서는 전혀 인연이 없었다고 해도 과언이 아닐 정도로 교류가 없었다. 그뿐만 아니라 일본인의 입장을 벗어나보아도 이슬람과 유태교 문화가 일반 일본인의 상식으로 이해하는 '동양'과 상당히 이질적이라는 것은 서양의 많은 학자들도 인정하고 있다.

이슬람과 유태교 문화를 동양에 포함하는 것은 서양인의 견해다. 서양인 입장에서 보면 이슬람 문화 또는 한국 문화도 모두 이질적인 것이다. 그들은 이질적인 것을 전부 통합하여 '동양(Orient, Morgenland)'이라고 불렀다. 예컨대 프랑스 제1의 항구도시 마르세유(Marseille)에서 동쪽을 향해 출항하면 모두 동양이었다.

[이러한 사정은 서양에서 학문 연구의 배치에 잘 나타나고 있다. 미국동양학회는 기관지 *Journal of the American Oriental Society*를 간행하고 있고, 독일의 동양학회는 기관지 *Zeitschrift der Deutschen Morgenländischen Gesellschaft*를 간행하고 있으며, 논문이나 서평의 게재 순서는 대체로 서

아시아부터 시작해서 동아시아 및 극동인 일본에서 끝맺는 순서로 형성되고 있다. 영국 학회에서는 '동양'이라 하지 않고 '아시아'라고 명언(明言)한다. 영국 기관지는 *Journal of the Royal Asiatic Society*로 오랜 역사를 자랑하는데, 이 역시 여러 논문을 서아시아부터 시작해 일본에서 끝맺는 형식의 순번으로 게재하고 있다. 지나치게 기계적이라는 인상도 주지만, 지역 순서에 따라 게재하므로 찾아보는 데는 편리한 감이 있다.]

아프리카를 오리엔트에 포함하고 있는지, 또는 독립시켜 호칭할지 어떨지에 관해서는 서양 학자들 사이의 문제가 되고 있다. 런던대학 내 동양연구소는 아프리카를 별도로 명시해 'School of the Oriental and African Studies'라고 불렀다.

어찌됐건 간에 이슬람권, 유태교권, 아프리카는 일본 문화에서 멀리 떨어진 것은 부정할 수 없는 사실이다. 다만 그것은 결코 그들 지역을 연구할 필요성이 적다거나, 열악한 곳이라는 의미는 아니다. 어느 의미에서 연구의 필요성은 오히려 크다고 할 수 있을 것이다.

다만 여기서 확실히 말할 수 있는 것은 이 같은 학문 연구의 배열과 순서에서 볼 때 확실히 유럽 중심주의 문화라는 것이다. 일본인이 서양인의 유럽 중심주의를 무비판적으로 받아들여도 좋은 것일까? 서양인이 만들어낸 '동양'의 관념을 그대로 따르지 않으면 안 되는 것일까? 아시아 여러 문화의 상호 연관에 대한 구조적 차이는 그대로 수용하되 아시아, 아프리카의 여러 문화와 대비 또는 대결할 필요가 있는 게 아닐까?[그것은 결코 서양적인 접근 방법이 의미가 없다는 게 아니다.]

이 책 『동양인의 사유방법』이 간행된 지 벌써 40년이라는 세월이 경과되었는데, 여전히 구판(舊版)의 대분류와 격식을 유지한 채 개정 증보하고, 여기에 더해 일본 문화의 등뼈를 형성한 몇몇 동아시아와 남아시아의 제 문화에 한해 동양을 문제 삼으려 하는 것은 이 같은 입장에 의한 것이다. 또 구판 저술에서 거론하지 않은 「한국인의 사유방법」을 일종의 시론으로 거론한 것도 이상과 같은 이유에 의한 것이다. '동양'이란 구체적으로 말하면 무엇을 의미하는 것일까? 많은 사람들은 그것을 서양인이 말하는 오리엔트나 아시아를 의미한다고 해석할지 모른다. 이에 오리엔트와 아시아의 어원 하나를 소개하기로 한다. 라틴어로 '동쪽'을 'orientis, solis partes(해 뜨는 지역)'이라 부르는데, 이는 'occidentis solis partes(해가 지는 지역)'에 대치되는 것이다. 다시 말해 'orient', 'occident'라는 용어는 로마를 중심으로 동쪽과 서쪽이었다. 이에 대해 'Asia'는 오래된 말로 소(小)아시아 히타이트(Hittite)[1]족의 용어인데, 소아시아 북서부 지방을 가리킨다. 『일리아스(Ilias)』[2](2권: 461)에서는 이오니아 안쪽에 위치한 지역을 '아시아'라고 불렀다. 그리스인이 유럽 동쪽에 위치한 광대한 대륙을 알게 된 것은 기원전 800년부터 500년 사이로, 이들 동방 지역을 '아시아'라 불렀던 것 같다. 이를 수에즈를 경계로 아프리카와 구분해 바빌로니아, 페르시아, 아라비아, 이란, 인도 서북부 지방 등이라고 보고

1) 기원전 18세기경부터 기원전 1180년경, 또는 기원전 8세기경 고대 근동의 청동기시대(3300~1200 BC) 아나톨리아 북중부의 하투샤를 중심으로 형성된 왕국으로, 히타이트어는 인도-유럽어족에 속한다. 히타이트 제국은 기원전 14세기경 최절정기에 들어섰는데, 당시 아나톨리아의 대부분, 시리아 북서부(레반트의 북부), 남쪽으로는 리타니강의 하구(지금의 레바논)까지, 동쪽으로는 메소포타미아 북부까지 장악한 제국을 말한다.(옮긴이 주석)

2) 호메로스에 의해 저작되었다고 전해지는 현존하는 고대 그리스 문학의 가장 오래된 장편 서사시다. 이름은 트로이인의 왕성인 '일리온'에서 유래했다. '일리아스'라는 이름은 '일리온의 노래'라는 뜻이다. 『오디세이아(Odysseia)』와 더불어 고대 그리스와 후대 서양의 문학예술과 문화의 전범으로 여겨지고 있다.(옮긴이 주석)

한 것은 헤로도토스(Herodotus)[3]다. 로마는 가장 동쪽에 위치한 지역을 '아시아'라고 불렀다[스즈키 이치로(鈴木一郎)의 견해]. 메가스테네스(Megasthenes)[4]는 '인도'라는 나라를 표현하고 있다.

그러면 그들 지역에 살고 있는 사람들에게는 사유방법의 어떠한 특징을 볼 수 있을까?

먼저 종종 거론되고 있는 것으로 동양에서는 인간 개인의 존재가 충분하게 자각되고 있지 않으며, 개인이 보편자(普遍者)에 종속되어 있다는 것이다. 예컨대 헤겔[5]은 동양에서의 신(神), 절대자는 보편적인 것(das Allgemeine)으로서의 성격을 가지고 있다는 주장을 하고 있다.

동양의 여러 종교에서 근본적인 사정은 다음과 같다. 즉, 오직

---

3) 헤로도토스 할리카르넨시스(Hērŏdŏtus Hălĭcarnassensis, 대략 기원전 480년경~420년경)는 고대 그리스의 역사가다. 서양 문화에서는 '역사학의 아버지'로 일컬어진다. 그는 체계적으로 사료를 수집하고, 어느 정도 사료의 정확성을 검증했으며, 잘 짜여져 있으면서도 생생한 줄거리에 따라 사료를 배치한 최초의 역사가로 알려진다. 그는 자신의 저작 『역사』를 통해 알려져 있다. 이 책은 기원전 490년에서 480~479년까지 이어진 그리스-페르시아 전쟁의 기원에 대한 자신의 '탐구'(이 낱말은 라틴어 historia로 차용되어 오늘날 여러 유럽어에서 '역사'를 뜻하는 말이 되었다)를 기록한 것으로, 특히 다른 문헌이 거의 없는 이 시기의 이야기 자료를 기록했으며, 그 밖에 지중해와 흑해 주변의 여러 지역을 널리 여행하면서 접한 여러 장소와 사람들에 대한 긴 여행담을 많이 썼다. 그의 기록이 완전히 정확한 것은 아니지만, 그는 자신이 들은 것만 기록했다고 주장했다.(위키 우리말 백과사전, 옮긴이 주석)

4) 생몰연대는 확실하지 않다. 기원전 300년경 사람으로, 셀레우코스 왕조를 시중든 그리스인 · 셀레우코스 왕조와 마우리아 왕조 사이의 협정이 체결된 후 파견 사신으로서 마우리아 왕조에 가서 당시 인도 내부 사정을 기록한 『인도지(誌, Ta Indika)』를 저술했다.(옮긴이 주석)

5) 게오르크 빌헬름 프리드리히 헤겔(Georg Wilhelm Friedrich Hegel, 1770~1831)은 독일의 철학자로 특히 독일의 관념론을 대표하는 사상가임과 동시에 서양철학 중에서도 독일 관념론, 헤겔학파를 창설했다. 역사주의 학파에 소속하여 논리학, 역사철학, 미학, 종교학, 형이상학, 인식론, 정치철학 등의 연구 분야에서 활약했으며, 뛰어난 논리성으로 현대 철학까지 포함해 후세에도 많은 영향을 준 사람 중의 한 사람이다.(옮긴이 주석)

> 하나만의 실체(實體, Substanz) 자체가 진정한 것(das Wahrhafte)일 뿐 개인은 절대적인 유자(有者, das Anundfursichseyende)와 대립해 자기를 보전 · 유지하는 한 그 자신으로는 어떤 가치도 갖지 않으며, 또 가치를 획득할 수 없다는 것, 개인은 오히려 그 실체와 하나가 되는 것에 의해서만 진정한 가치를 가질 수 있는 것, 그러나 그때 개인은 이미 주체(Subjekt)라는 것을 중지시켜 의식이 없어진 곳으로 소실시키는 것이다.[6]

그리고 동양사상과 서양사상의 차이에 대해서는 다음과 같이 말하고 있다. "이와는 반대로 그리스의 종교나 기독교에서 주체는 자기가 자유라는 것을 안다. 또 그같이 생각하지 않으면 안 된다." 그런데 동양 철학에서는 "유한자(有限者)의 부정도 존재한다. 그러나 그것은 개인이 실체적인 것과 통일되었을 때만 자기의 자유에 도달한다는 의미에서의 부정이다"라고 했다. 헤겔은 동양의 고전에 대해서는 번역을 통해 약간의 지식을 얻은 데 불과하지만, 이 같은 견해는 많은 서양인이 함께하는 견해이기도 하다.

그런데 헤겔의 말이 과연 사실일까? 실제로 동양에서는 어떤 의미에서 권위에 대한 맹종적인 복종이라는 문화현상이 현저했다. 그러나 서양에서는 그와 같은 현상이 일어나지 않고 "자기가 자유였다"라고 단정할 수 있을까? 서양 중세에서와 같이 권위에 대한 전면적 또한 철저한 맹신 및 그에 의한 이질적 문화의 근본적인 파괴는 동양에서는 일어나

6) Hegel, Vorlesungen über die Geschichte der Philosophie, herausgeben von Michelet, S. 135-136.

지 않았다. 헤겔이 말하는 "실체와 하나가 되는 것"이라는 현상은 어느 경우에는 오히려 서양이 현저하지 않았는가? 또 한편으로는 자기의 존재 의미에 대한 엄격한 반성이 인도 평야와 티베트 고원에서도 무섭고 날카롭게 드러났지 않았는가.

또 종종 거론되고 있지만, 사물에 대한 동양인의 견해는 직각적(直覺的)이므로 조직적으로 질서정연하게 파악하려고 하지는 않지만, 이에 대해 서양인의 견해는 추리적 또는 논리적이며, 조직적으로 질서정연하게 파악하려고 노력하고 있다고 말한다. 그렇다면 과연 중국인 또는 한국인과 일본인의 사유방법에 대해서는 '직각적'이라고 하는 특징지을 만한 것이 성립할 수 있을까? 그러나 인도인의 경우에는 그렇게 말하기 곤란하다. 예컨대 인도의 아비다르마 문헌 학자들의 번쇄하기 그지없는 논의는 어떤 경우에도 논리적일지언정 직각적이라고는 말할 수 없다. 난해한 교리학 문헌을 예문으로 거론할 필요도 없이 인도의 회화 또는 조각에서 볼 수 있는 복잡하고 이상한 정취는 직각적인 파악과는 대체로 인연이 멀다. 그것은 작품의 일부에서 다른 부분에 주의의 초점을 옮기는 것으로, 복잡한 관념의 연합을 성립시켜 보는 사람들로 하여금 이상한 공상적 분위기에 빠져들게 하여 끝내는 다함없는 다양성 안에서 환혹(幻惑)되어 마비되고 마는 것이다. 또 다른 한편으로 직각적이랄까, 직감에 의지한다는 것도 반드시 동양의 독특한 것이 아니다. 서양에서도 마찬가지 현상이 보이는데, 서양인도 직감에 의지해 대단히 위험한 곡예를 과감히 행하는 자도 있다.

또 동양인의 사유방법이 총합적이며, 서양인 자체가 분석적이라는 주장도 종종 볼 수 있다. 중국어 단어 등에는 총합적인 것 같은 인상을 줄 수 있지만, 경우에 따라서는 오히려 분석 이전 단계에 있다고 할 수 있다. 분석 과정을 통하지 않은 이상을 총합적이라고 부르는 것은 곤란할 것이다. 한편 인도인이 언어현상이나 심리현상 분석에 매우 뛰어나다는 것은 학자들이 일반적으로 인정하고 있다. 그리고 또 서양인이 분석적이라고만 할 수 없다. 예컨대 인도 문법학은 어사(語詞) 분석에 뛰어나지만, 문장의 총합적 구성에 관한 사색에는 졸렬했다. 또 다른 한편으로 그리스 문법학은 어사의 총합적 방면을 취급하는 문장론에서도 뛰어난 업적을 남기고 있다. 그러므로 동양인의 사유방법을 단지 총합적이라고 특징짓는 것은 상당히 무리가 있음을 알 수 있다.

이에 지식에 대한 문제를 생각해보기로 하자. 막스 베버(Max Weber, 1864~1920)[7]는 "아시아의 모든 철학 및 구제론(Soteriologie)에 공통으로 존재하는 전제는 '아는 것(Wissen)' — 문헌적인 지식이건 또는 신비적인 구노시스(Gnosticism)[8]이건 — 은 궁극적으로 현세 및 내세의 최고 복지에 도달하는 유일 절대적인 길이라는 것이다. 주의 깊게 보면, 그것은 이 세상의 사물이나 자연 및 사회생활과 그 양자를 지배하는 제반 사항의 법칙에 대해 아는 게 아니다. 세계와 인생의 '의미'에 대해 철학적으로 아는 것이다. 그와 같은 지식이 서양의 경험적 학문의 수단과 방법에 의해 대

---

7) 독일의 사회학자이자 경제학자. 정식 이름은 카를 에밀 막시밀리안 베버(Karl Emil Maximilian Weber)로 같은 사회학자이자 경제학인 알프레드 베버(Alfred Weber)의 형이다.(옮긴이 주석)

8) 구노시스주의(독일어 Gnostizismus)는 기원 1세기에 탄생해 3세기부터 4세기에 걸쳐 지중해 지역에 세력을 떨친 고대 종교 · 사상의 하나다. 물질과 영혼의 이원론에 그 특징이 있다. 보통명사로서의 구노시스는 고대 그리스어로 '인식' 또는 '지식'을 의미하는 말로, 구노시스주의는 자기의 본질이 진정한 신에 대한 인식에 도달할 것을 구하는 사상 경향을 가지고 있다.(옮긴이 주석)

체될 수 없는 것은 자연히 이해되는 것이며, 또 그 학문의 고유의 목적에 따라 말한다면, 경험적 학문이 추구해서는 안 되는 것이다"[9]라고 말했다. 동양인이 생각한 지식이 여기에서 지적되고 있는 듯한 경향이 강한 것은 사실이다.

그러나 우리는 서양사상사에서 적어도 일부는 마찬가지 경향이 존재하고 있다는 것을 인정할 수 있지 않은가. 여기서 사용된 '구노시스'라는 말 자체가 그리스어다. 또 구노시스적인 경향은 서부 아시아의 여러 종교에서도 인정되었던 것이며, 인도나 중국만의 특징이 아니었다. 서양에서도 플로티노스(Plotinos, 205~270)[10] 등 신플라톤학파에서는 확실하게 나타나고 있으며, 그 연원(淵源)은 플라톤이라고도 생각된다. 그들 철학의 여러 파는 인도나 페르시아 철학 사상의 영향을 받은 것이 아닌가라는 추측도 하지만, 최근의 학문 연구에 의하면 이 양측 관계는 더욱더 확실시되고 있다. 어찌됐건 그리스 철학의 영향을 받은 기독교 신앙을 지식으로 높이려는 운동으로 구노시스파가 탄생했다. 중세에서도 이단시되었던 일부 신비주의 사상가, 예컨대 타울러(Johannes Tauler, 1300~1361)[11]나 에크하르트(Meister Eckhart, 1260~1328)[12]에게는 역시 이 같은 경향이 인정된다고 주장한다.

---

9) Max Weber, Aufsätze zur Religionssoziologie II, S. 364-365.

10) 이집트 출신으로 네오플라토니즘(신플라톤주의) 창시자로 불리는 철학자. 주요 저서로는 『엔네아데스』가 있다.(옮긴이 주석)

11) 중세 독일의 신비주의자. 특히 자아로부터 해탈, '자기의 무(無)를 깊고 깊은 곳에 침체된' 내면에의 길을 설하고 그 본보기로 예수 그리스도의 생애를 첨앙했다.(옮긴이 주석)

12) 중세 독일(신성로마제국)의 기독교 신학자이며 신비주의자.(옮긴이 주석)

여기에서 다음 문제를 생각해보기로 하자. 세계 주요 종교는 모두 아시아에서 성립했다. 그러므로 서아시아를 포함해 그것을 '동양'이라 칭한다면 동양은 종교적이며, 이에 대해 유럽 및 미국, 즉 서양을 비종교적이라 부를 수 있다고 생각하는 사람들이 있다. 이 같은 견해는 태평양전쟁 이전의 일본에서 상당히 유력했으며, 오늘날에도 결코 없어지지 않았다. 그러나 앞에서 지적한 바와 같이 같은 동양인 중에서도 인도인은 극도로 종교적이며, 또 남아시아의 여러 불교국가 사람들도 종교심이 강하다. 그러나 중국인과 일본인의 정신적 습성은 반드시 종교적이라고 할 수는 없을 것이다. 오히려 반대로 서양인이 일본인이나 중국인보다 훨씬 종교적이라는 점도 인정할 수 있다. 적어도 교리나 교회에 집착하는 점에서는 서양인이 종교적이라 할 수 있을 것이다. 일본인은 미국인이 물질적이고 향락생활에 빠져 있는 것처럼 생각하는데, 교회가 정신생활의 중심적 역할을 차지하고 있다는 점에서는 일본과 비교할 수 없다.

이와 같은 방식으로 서양문명은 '물질적'이며, 동양문명은 '정신적', '영성적(靈性的)'이라는 것이 종래 자주 주장되어왔는데, 이것도 잘못이라 할 수 있다. 통틀어 포괄적으로 그렇게 간단하게 단정 지을 수는 없다. 비종교적인 민족이 '정신적'이며 '영성적'이 될 수는 없다. 남아시아 몇몇 나라에 발을 들여놓으면 가난한 군중이 몰려와 손을 내민다. 그들을 두고 물질적이 아니라 '정신적', '영성적'이라고는 아무래도 말할 수 없을 것이다. 다만 서양 고대문명 및 특히 이를 부흥시킨 근대 서양문명이 물질적 자연 연구와 응용에 뛰어나 그 힘을 가지고 동양에 밀어닥쳤으므로 이에 위협을 느낀 동양인이 서양에 대해 '물질적'이라는 딱지를 붙여 이런 점에서 후진적이던 동양을 대척적으로 '정신적', '영성적'으로 특징

지었음에 지나지 않는다. 물질적 자연을 지배하는 능력이 박약하다는 점에서는 아프리카나 오스트레일리아의 원주민과 미국 원주민에 대해서도 마찬가지 특징을 인정할 수 있다. 따라서 결코 동양만이 특유한 것이 아니다. 또 동양을 '내면적', '주체적'으로, 서양을 '외면적', '객관적'으로 규정짓는 것도 과연 전반적으로 타당성이 있다고 할 수 있을 것인가? 깊은 의문이 든다.

또 동양을 '도덕적'이라 칭하는 것도 마찬가지로 천박한 견해라 할 수 있다. 무릇 인간이 사회생활을 영유함에 있어서 도덕을 행하지 않음은 있을 수 없다. 종래 중국적 및 일본적 도덕 중 어떤 것은 근대 서양에서는 행하고 있지 않았기 때문에 그것을 보고 종래의 도덕을 굳게 지키려는 일본인이 이 같은 특징을 붙인 것에 불과하다.

또 이상의 내용과 관련된 사항인데, 동양사상은 형이상학적이라고 생각해 동양사상의 근저는 '무(無)', 즉 '동양적 무'라는 주장이 자주 제기된다.[13] 노자와 장자의 철학이 '무'를 설하고 있는 것은 말할 것도 없다. 그런데 인도 철학은 일반적으로 '있는 것'을 추구한다. [다만 이 '있는 것'이라는 의미가 그리스 철학과 다른 것은 이미 지적한 바와 같다.] 인도 철학에서 일반적으로 '있는 것'은 '있는 것'에 의해서만 성립한다는 사유 경향이 유력하다. 또 샹카라[14] 등의 경우에는 세계의 궁극자는 '있는 것'이며, 오히려 현상 세계가 공허한 것이므로 적어도 문자의 표면에 대해 보는 한 노자나 장자의

13) 동양에서 '무'의 관념에 대한 실증적 연구로는 가와다 구마타로(川田熊太郎)의 「無の觀念の系統論的研究」, 三省堂, 『佛敎思想論集』 제1집, 1948년 판 참조.

14) 초대 샹카라(Adi Shankara)는 인도 남부 말라야인으로 8세기에 활약한 중세 인도의 사상가이며 철학가다. 그는 범아일여(梵我一如) 사상과 불이일원론(不二一元論)을 제창했다.(옮긴이 주석)

사상과는 정반대다. 불교 특히 대승불교에서는 '공(空)'을 설하고 있는데, 그것이 '무'와 다른 것은 인도의 불교인이 자주 주장하는 것과 같다.15) 불교가 중국에 들어가 격의(格義)가 왕성하게 행해지고 있었을 무렵에는 양자가 동일시되거나 혼동되기도 했지만, 가상대사(嘉祥大師)16) 등은 불교

---

15) 이미 인도에서도 '공'은 무 또는 허무로 풀이되기 쉬운 경향이 있었다. 공의 교설을 설하는 중관파(中觀派)를 공격하는 사람들은 '공'을 '무'와 동일시하며, 중관파는 일체를 부정해 그 허무를 설하고 있으므로 '허무론자(虛無論者, nāstika)'라고 논하고 있다(MmadhyamakavRtti, pp. 475, l.8; 490, ll.1-2). 만약 공을 무의 의미로 풀이한다면, 중관파는 불교를 파괴하는 무서운 삿된 설이 되는 것이므로 불교 내부에서도 공의 논리에 대한 반대자가 나오게 되었다[『중론(中論)』 24 · 1-6]. 챤드라키르티(Candrakiirti)의 주석에 의하면 중관파는 "절대적인 허무론자"(atyanta-nāstika, op. cit., p. 159, l.4), "일체를 무라고 하는 사람"(sarvanātika, p. 159, l.11), "주요한 허무론자"(pradhānanāstika, p. 329, l. 12)라고 평했다. 소승불교 중의 설일체부는 중관파를 보고 '도무론자(都無論者)'라고 평하고 있으며(『아비달마 현종론(阿毘達磨顯宗論)』 제26권, 大正藏, 29권, p. 901中), 경량부(經量部)도 "중간의 마음을 가진 사람"(madhyamakacitta)은 "일체 법 그 자체를 모두 비(非)라고 발(撥)하는 사람"이며, "일체가 무라고 고집함"(sarvanāstigrāha)에 떨어지게 되므로 푸라가라를 인정하는 독자부(犢子部)와 함께 불교 내에서 두 개의 이단설 중 하나라고 엄하게 질책하고 있다(『구사론』 제30권, 大正藏, 제29권, p. 156下; AbhidharmakoZa, trad. par Poussin, IX, 271, note). 또 중관파들은 유식론자들로부터 "식(識)이 비유(非有)라고 집착하는 극단론(極端論, ekāntavāda)적"이라는 비평을 받고 있다(TriMZikA, p. 15, ll. 13–16; 『성유식론(成唯識論)』 제1권, 大正藏, 31권, p. 1上; 前揚書, 『술기(述記)』 1권, 大正藏, 43권, p. 2 中 - 下). 이 같은 비난이 인도에서 이미 발설된 이상 서양의 많은 학자들이 『반야경(般若經)』이나 중관파들의 설교를 허무주의(Nihilism)라고 호칭하는 것도 무리는 아니다.

그러나 이 같은 비난에 대해 중관파의 조상인 나아가라쥬나는 "그대는 공(空)에 있어서 용(用)과 공과 그 공의 의미를 알지 못하고 있다"(『중론(中論)』 24 · 7)고 한다. 챤드라키르티의 주석서에 의하면, "무(無, abhāva)라는 말의 의미는 공이라는 의미가 아니다. 그러나 그대는 무라는 말의 의미를 공의 의미라고 가탁해 우리를 비난하고 있다. 그러므로 그대는 공이라는 의미 또한 알지 못하고 있다"(p. 491. l.15 f. 또 그 전후 부분 참조). 『중론』의 목적은 제법(諸法)의 무를 천명(闡明)함이 아니라 공을 천명함에 있다(p. 239, l.8). 그는 공을 무라고 해석하는 사고방식을 잘못된 견해라고 말하며, 공관(空觀)을 무의 견해(abhāvadarZana)와 동일시해서는 안 된다고 논하고 있다(p. 273, l. 12f; Madhyamakāvatā, p. 77). "우리는 허무론자가 아니다. 유(有)와 무(無) 두 가지 설을 배척하는 것으로 우리는 열반의 경지로 향하는 둘도 없는 길을 밝히고 있다."(p. 329, l. 13). 다른 학파들이 비난하는 것과 같이 '공'과 '무'는 서로 닮은 개념이지만, '공'을 설한 사람들은 이 둘을 명확히 구별하고 있었다.

16) 노자의 허무와 달리 '무니지도(牟尼之道)'는 이 네 글귀를 초월하는데(『삼론현의(三輪玄

의 '공(空)'과 노자와 장자의 '무(無)'가 다르다는 것을 끊임없이 주장하고 있다. 그러므로 '동양적 무'라는 말을 가지고 동양사상 전반을 다루는 것은 극히 위험하다. [만약 일부 사상을 의미하는 것이라면 아무 지장이 없을 것이다. 또 근대 철학자들 자신의 사색 결과로 이 같은 관념을 세운다면 그 또한 자유일 것이다. 다만 그것은 실증적인 고찰과는 관계가 없다.] 그리고 동양이 형이상학적이며 서양은 그렇지 않다는 것은 도저히 단정할 수 없다. 동양인 중에서도 많은 중국인과 일본인은 서양인보다 훨씬 비형이상학적이었다. 불교의 선(禪)사상은 결코 형이상학적이 아니다. 오히려 형이상학적이 아닌 점에서 사상적인 깊이를 인정받고 있다.

사유방법의 근본적 문제로 다시 돌아가면, 서양인은 합리주의적이며 이에 대해 동양인은 비합리주의적이라는 것이 종종 거론된다. 이러한 특징은 제2차 세계대전 이후 오늘날에 이르러 특히 일반인들에게 믿어지고 채용되었던 같다. 특히 일본인이 비합리주의적이라는 것은 자주 주장되어왔다. 실제로 일본인은 형식논리적 사고에 서투르다. 그리고 그러한 비합리적 성격은 이미 우리가 지적한 바와 같다. 그러나 잘 생각해 보면 일본인의 일반적 실천 방법은 자칫하면 하나의 이법(理法)을 따르는 경향이 있었다. 다시 말해, 이미 지적한 바와 같이 일반적인 경향으로는 개별적인 인간 결합의 조직에 귀착하는 것이며, 거기에 가치 판단의 기준을 둔 것이다. 그러므로 만약 그것도 합리적이라고 말할 수 있다면, 이 같은 의미의 합리성은 존재했다고 할 수 있을 것이다.

또 중국인은 일견(一見) 비합리주의적인 것 같이 보인다. 중국어 표

義)』 제9 왼쪽), 노자는 '담무왈도(談無曰道)'이므로 불교의 공과는 구별하지 않으면 안 된다고 한다(『삼론현의』 제12 오른쪽).

현 방법이 극히 정확지 않으며, 또 중국인이 논리학을 발전시키지 못했다는 점에서 일단 그렇게 생각한다. 그러나 비논리적이라고 해서 반드시 비합리적인 것은 아니다. 오히려 중국사상은 합리주의적 성격으로 서양 근세의 계몽사상에 현저한 영향을 미친 것은 주지하는 바와 같다. 막스 베버는 "유교는 어떠한 형이상학도 갖지 않으며, 거의 모든 종교적 기초의 잔재를 긁어모으고 있다는 의미에서는 — 그 정도로 처음부터 '종교'윤리라고 명명할 수 있을지 없을지, 최대한의 한계점에 선다고 말할 수 있을 정도로 비종교적이며 — 매우 합리주의적이면서 동시에 공리(功利)적이지 않은 모든 척도가 결여되고 또 그것을 배제했다는 의미에서 벤담(Jeremy Bentham, 1748~1832)[17]의 윤리 체계 이외의 어떠한 체계보다 현실적인 것이다"[18]라고 했다. 여기서 지적하는 바와 같은 점에서는 중국인이 서양인보다 훨씬 합리적임을 알 수 있다. 그리고 이 같은 합리적 성격이 있어 중국사상은 볼프(Christian Wolff, 1679~1754)[19]나 볼테르(Voltaire, 1694~1778)[20] 같은 계몽사상가를 감동케 해 중세적인 전통의 질곡(桎梏)에 항쟁하기 위한 그들의 무기가 될 수 있었다.

또 인도인은 자연과학적 인식에서는 서양과 같은 발전을 제시하지 않았지만, 심리현상의 분석이라든가 언어구조의 분석이라는 점에서

---

17) 영국의 철학자, 경제학자, 법학자로 공리주의(功利主義)를 창시한 사람으로 유명하다.(옮긴이 주석)

18) Max Weber, op. cit., l. S. 266.

19) 독일의 철학 교사이자 계몽사상가다. 그는 라이프니츠에서 칸트로 이어지는 중개인적인 존재라 할 수 있다.(옮긴이 주석)

20) 계몽주의를 대표하는 프랑스의 작가, 문학인, 철학자, 계몽사상가.(옮긴이 주석)

는 고대나 중세 서양인보다 훨씬 면밀한 사색을 하고 있다. 그리고 과거 · 현재 · 미래에 통하는 영원한 이법(理法)에 따르는 것을 이상으로 삼는 한 인도인은 매우 합리적이다. 인도에서는 "불합리하기 때문에 나는 믿는다(credo quia absurdum)"라는 사상은 끝내 나타나지 않았다. 또 인도인은 일반적 보편성을 중시하는 사유 경향이 있기 때문에 동시에 논리적이다. 논리적이며 또한 합리적이다. 이와는 반대로 서양의 종교는 비합리적이며 또한 비논리적이다. 이 같은 내용은 동양인이 아닌 서양인 자신들이 승인하고 있는 것으로, 예컨대 경건함과 동시에 열렬한 신앙심을 가진 기독교인 슈바이처(Albert Schweitzer, 1875~1965)[21]는 "동양의 논리적 종교(logische Religionen)와 비교하면 예수의 복음은 비논리적이다"[22]라고 말하고 있다. 이 점에서는 동양이 합리적이며, 서양이 오히려 비합리적이다. 인도의 다르마키르티(Dharmakrīti, 600~660년경)[23]의 논리학이나 바이세시카학파(Vaisheshika)[24]의 자연철학은 합리주의적 태도로 일관하고 있다. 그러므로 동양이 비합리주의적이며 서양이 합리주의적이라는 유형적 대별을 가볍게 채용할 수 없다.

다만 동양에도 합리주의가 있음을 인정하여 동양적 합리주의와 서양적 합리주의를 구분하려는 시도도 있다. 예컨대 막스 베버는 "서양의

---

21) 독일 출신의 아르헨티나 사람으로, 프랑스의 신학자이며 철학자, 의사, 음악학자이기도 하다.(옮긴이 주석)

22) Albert Schweitzer, Das Christentum und die Weltreligionen, S. 52.

23) 한자 이름은 법칭(法稱). 불교논리학의 대가.(옮긴이 주석)

24) 힌두교의 정통 육파철학 중의 하나로, '승론(勝論)'이라 번역되어 승론학파(勝論學派)라고도 불린다.(옮긴이 주석)

실천적 합리주의는 동양의 이 같은 합리주의와의 유사점이 외견상 또는 사실상 존재하고 있음에도 그 성질이 극도로 다르다. 여기에 르네상스 이후의 합리주의는 전통의 구속을 부정하고 자연 속에 존재하는 이성의 힘을 신앙한다는 의미에서 "합리주의적이었다"고 말하고 있다.

이러한 논의는 일단 그럴듯하지만, 전통의 권위 또는 구속을 부정하려는 사상은 중국에서 춘추전국시대부터 진나라 초기에 걸쳐 나타나고 있으며, 또 인도에서는 불교의 붓다가 출현하기 전후의 도시국가 사회에 현저하며, 그 후에도 자연철학자들과 논리학자들에 의해 창도되었다. 근세 일본에서도 자유사상의 맹아가 희미하게 인정된다. 그러므로 전통적 권위 또는 구속의 부인이라는 사상이 근세 서양에서는 지배적이며 동양에서는 약소했다고 하는 것은 의심할 수 없는 사실이지만, 정도 또는 양적 분포의 차이일 뿐 본질적인 상위라고 인정할 수는 없다. 그리고 근대 서양에서 그러한 사상 경향이 유력하다고 해도 중세에서는 결코 그렇지 않았으므로 이 점에서 동양과 서양을 구분하는 것은 합당하지 않다고 본다.

이와 관련해서 상고적(尙古的) 보수성이라는 것도 중국 민족의 경우는 현저하고, 일본인도 상당할 정도로 인정되고 있으나, 인도인에게는 부분적으로 나타나는 정도에 머물고 있으며, 인도 민족의 상당한 부분을 차지하는 이슬람교도 중에는 표면적으로는 인도의 민족종교와 연관이 없다. 그러므로 상고적 보수성도 동양의 일반적 특징이라고 할 수 없다. 또 상고적 성격은 인도인에게도 중국인에게도 부분적으로는 공통적이라고 하지만, 인도인은 과거 · 현재 · 미래를 일관하는 보편적인 이법(理法)에 결부시키려고 하는 반면 중국인은 개인적인 선례를 귀감으로 우러

러보려 한다. 그러므로 같은 상고적 성격의 근저라도 서로 다른 사유가 존재하고 있음을 알 수 있다.

또 이와 관련해서 '동양인은 많은 현상을 정적(靜的)으로 파악하는 것이 특징이 아닌가?'라고 일단 여겨진다. 이것이 중국인 및 인도인의 사유방법의 현저한 특징이라는 것은 위에서 지적한 바와 같다. 그러나 같은 동양인 중에서도 일본인은 현상의 변화에 대해 예민한 감각을 가지고 있다. 불교나 유교도 일본에 수용된 뒤에는 상당히 동적인 성격으로 전환한 것은 이미 지적한 바와 같다. 그러므로 동양인 전반의 사유방법을 통틀어서 '정적'이라고 개괄할 수도 없다. 또 서양인 자체가 '동적'이라고 해도 생명현상 또는 역사에서 진화 또는 진보의 관념은 근세에 이르러 처음으로 현저하게 나타나게 된 것이지 예부터 존재한 것이라고는 말하기 힘들 것이다.

위에서 살펴본 이러한 특징은 사회적 또는 실천적 장면에서 파악한 것으로, 동양사상이 특히 둔세적(遁世的)이어서 사회적 · 정치적 실천에 대한 관심이 희박하다고 하는 것은 유독 서양 사람들에 의해 종종 지적되고 있다. 기독교는 세계 안에서 실천을 말하고 있음에 비해, 동양의 여러 종교는 세계로부터 회피하면서 그 밖으로 나오는 것을 가르치고 있다고 한다.[25] 이 같은 비평은 서양에서는 상식적인 견해와 같다. 이와 관련해 막스 베버는 아시아 종교의 특징에 대해 "이 세상에 대한 무관심(Weltindi erenz)이 주어진 태도였다. 외면적인 둔세적 태도를 취하고, 또는 현세 내부적인 것임에도 이 세상에서 무관심한 태도를 취한다 할지

25) 예컨대 Schweitzer, op. cit., S. 30f.

라도 이 세상과 자기 행동에 역행을 시도함이며, 양측에서 양측을 통한 행동 시도가 아니다"[26]라고 했다. 그에 의하면 서양 근세의 프로테스탄티즘(Protestantism) 윤리의 기본적 신조는 '현세 내적 금욕주의(das innerweltliche Asketentum)'다. 그러므로 명상의 경우와 같이 둔세적이 아니라 적극적으로 신의 뜻을 받아들여 현세를 윤리적으로 합리화하려고 했다.[27] 일상 행동은 합리화에 의해 천직(天職)의 영역으로 추앙시켜 그대로 복지를 보증한다. 이와는 반대로 아시아의 종교는 명상적 또는 열광적 혹은 무감각적인 법열자(法悅者)의 집단에 지나지 않으며, 그들은 현세적 행동을 무의미한 것으로 보고 그곳에서 탈각하는 것을 동경한다. 불교의 수도승도 행동하지 않았던 것은 아니다. 다만 복지 추구의 최종적 목표가 다시 태어남인 윤회로부터 도피에 있었던 관계로 그 행위에는 철저한 현세적 합리화가 있을 수 없었다.[28] 실제로 프로테스탄티즘의 윤리는 확실히 막스 베버가 말한 것과 같았을 것이다.

그러나 중세 및 그 이전의 서양사상은 반드시 현세적 합리화라는 태도로 일관했다고는 말할 수 없다. "명상적 또는 광열적 혹은 무감각적인 법열자 집단"이라는 것은 동양에서와 마찬가지로 서양에서도 그 이전에는 존재했다. 또 동양의 종교인이 현세 내적 활동을 실천했던 것은 이러한 일련의 서적에 부분적으로 언급한 것에 불과하지만, 그것도 의심

---

26) 예컨대 Schweitzer, op. cit., S. 30f.

27) 막스 베버는 동양인은 직업을 의무화하는 윤리적 성격이 결여되어 있다고 주장한다. 그러나 나이토 간지(内藤莞爾)는 이러한 견해가 부당하다는 것을 오미(近江: 일본 간사이 지방)의 상인에 대해 실증적으로 논증했다(「宗教と經濟論理—淨土眞宗と近江商人」, 일본사회학회 연보『社會學』 제8집, 1941, pp. 243-286).

28) Max Weber, op. cit. I, S. 263-264.

할 여지가 없는 사실이다. 동양 여러 나라로 번져간 종교가 이 같은 현세 내적 활동을 강조한 것은 대승불교였다. 그리고 이란의 종교에는 현저하게 현세적 경향을 인정할 수 있다.

게다가 20세기 이후 현대에 이르러서는 정지적(靜止的) 성격과 활동적 성격은 역전해가고 있다. 서양인은 점차 휴식 또는 레저를 요구하게 되었다. 그런데 일본, 한국, 대만, 싱가포르, 홍콩 등의 사람들은 점점 더 활동을 강조하게 되었다. 이들 각 나라가 쫓아오게 된 것이다. 예전에 미국인 철학자 모리스(Charles W. Morris)가 나에게 "지금은 세상이 달라졌다. 아시아 여러 나라가 변화했다. 아시아 여러 나라는 활동(activity)을 강조하고, 서양인은 감수성(receptivity)을 중히 여기게 됐다"고 말한 적이 있다. 이미 인생에서의 가치 기준이 막스 베버가 말한 것과는 정반대가 된 것이다.

또 이와 관련해 동양인은 자연을 따라 자연과 인간의 일체화를 실현하려고 하는데, 이에 대해 서양인은 인간이 자연을 극복하려고 한다고 종종 주장한다. 그러나 자연에 힘을 가하고 자연을 극복하려는 노력은 동양에서도 행하지 않았던 것은 아니다. 운하, 제방, 저수지, 성벽 구축은 중국, 인도, 특히 스리랑카에서도 왕성하게 진행되었다. 다른 한편으로 대자연의 웅대한 보금자리로 돌아가려는 자연을 동경하는 사상은 서양에서도 나타나게 되었다. 자연을 동경하여 자연과 일체감을 가지려는 사상은 황량한 티베트 광야에서는 성립하지 않았다. 그러므로 이 점에 대해서는 확연하게 구별 짓기가 곤란하다. 철학적인 문제에 대해 살펴보아도 주관과 객관의 대립은 고대 인도철학에서도 이미 문제가 되고 있었다. 자연과학이 특히 근대 서양에서만 현저하게 발달한 까닭에 대해서는 새롭게 고찰하지 않으면 안 되겠지만, 여하간 자연에 대한 태도에 대해 동양 일반과 서양 일반을 확실하게 구별하는 것은 곤란하다.

또한 이에 따르는 문제로, 막스 베버는 서양에서 기독교의 금욕생활이 중세 또는 그 이전부터 합리적인 성격을 띠고 있었다고 말한다. "그 목적은 '자연의 지위(status naturae)'를 극복하는 것이고, 또 비합리적인 충동력과 세계 및 자연에 대한 의존을 인간에게서 제거하는 것이며, 인간을 계획적 의도로 지배 복종시킴에 있으며, 인간의 행동을 끊임없는 자기 심사와 윤리적 의미의 저울 밑에 두는 것이다." "동양의 승려 생활 — 전체가 아닌 일반적 유형(Typus)에서 볼 때 — 에 대해 서양 유럽의 수도 생활이 가지고 있는 세계사적인 의미는 여기에 있다."[29] 그러나 생활의 합리화라는 점에서 말한다면, 일본 선림(禪林)에서의 일상적인 생활양식은 극히 합리적이며, 또한 이미 지적한 바와 같이 중세 이전 일본 선승들의 사회활동은 대단히 활발했다. 그러므로 이 점에서 서양과 동양을 판연하게 구별하는 것은 곤란하다고 생각한다.

그리고 종종 지적되는 일이 있다. 인도, 중국, 한국, 일본은 풍토적으로 몬순지대에 속하므로 그들의 사상은 약간 공통적인 풍토적 성격을 가지고 있다. 인간은 보통 객관적 자연에 대해 수동적 또는 인종적(忍從的)이어서 합리적 · 계량적(計量的) 사유를 가지고 그것을 정복하려고 하는 의욕이 결핍되어 있다. 그래서 인간이 집단적으로 행동하기 위해 특정 권위에 대해 쉽게 복종적이며, 적극적으로 자기 자신을 주장하는 것은 사람들로부터 혐오감을 사게 된다. 그러므로 각종 사상이 대립할 경

29) 막스 베버, 梶山力 역, 『프로테스탄티즘의 윤리와 자본주의 정신』, p. 143.

우에는 양자택일적으로 어느 한쪽을 채용하고 다른 한쪽을 배척하기보다 오히려 각종 사상의 존재 의미를 승인하며 타협적 또는 절충적이 되기 쉽다. 거기에서 서양사상과 비교할 때 관용과 유화정신이 동양사상의 현저한 특색이라는 주장이 자주 제기되는 것이다. 서양의 종교는 종교를 위한 투쟁을 강조한다. "그 누구도 자기 부모와 처자, 형제, 자매, 또 자기 목숨까지 미워하지 아니하면 능히 나의 제자가 될 수 없다."[30) "내가 불을 땅에 던지러 왔으니 이 불이 이미 붙었으면 내가 무엇을 원하리오. 나는 받을 세례가 있으니 그것이 이루어지기까지 나의 답답함이 어떠하겠느냐? 내가 세상에 화평을 주려고 온 줄로 아느냐? 내가 너희에게 이르노니, 아니라 도리어 분쟁하게 하려 함이로다. 이후부터 한 집에 다섯 사람이 있어 분쟁하되 셋이 둘과, 둘이 셋과 하리니 아버지가 아들과, 아들이 아버지와, 어머니가 딸과, 딸이 어머니와, 시어머니가 며느리와, 며느리가 시어머니와 분쟁하리라 하시니라."[31)]

이와 같은 항쟁적이고도 격심한 사상은 동양의 종교에는 끝내 나타나지 않았다. 인도 종교계에서는 예전부터 안정과 평화의 공기가 충만해 있다. 불교 창시자 고타마 붓다와 자이나교 창시자 마하비라도 평화롭게 생애를 마쳤다. 또 옛 중국에서는 완전히 신앙의 자유가 인정되었다고 하여 '신앙의 자유의 사도'라고 불린 볼테르는 이러한 점에서 완전히 중

30) 『신약성서』「누가복음」 14장 26절. 이 인용문은 나카무라 박사가 일본성서협회에서 1954년에 발행한 번역서를 인용했으나, 번역자가 같은 성서 구절을 대한성공회 발행 『성경전서』(1956년 판)와 비교해 독자가 알기 쉽게 대역했음을 밝힌다.(옮긴이 주석)

31) 前揭書, 12장 49~53절.

국의 법률에 매혹되었다고 할 정도다.[32] 신앙의 자유 원칙은 일본에서는 국가의 간섭에 의해 정치와 관련되는 측면에서 충분히 실현되지는 않았지만, 일반 일본인은 이단을 증오하는 마음이 약했다. 다른 신앙과 타협하지 않는다는 점에서 확고한 태도를 보인 정토진종(淨土眞宗)마저 신앙을 넓히기 위해서는 결코 무리하지 말고 조용히 그 인연을 기다려야 한다고 가르치고 있다.[33] 인도인은 자아가 다른 자아의 저항에 부딪치는 일에 대해 그다지 자각적 반성이 없었다. 그러한 사실의 근저에 있는 것은 오히려 만인의 일체관이다. 그리고 이 같은 견해가 다른 동양 여러 나라 민족들에도 정도를 달리하면서 역시 나타나고 있는 듯하다.

관용과 유화의 사상은 서로 다른 철학적 세계관의 병존을 허용하는 입장에 의해 성립한다. 우리가 예전에 그러한 입장을 음미한 것에 의하면, 인도인은 형이상학적 견지에 여러 유형의 철학사상이 존립하고 있음을 인정하지만, 중국인은 정치적 또는 실천적 견지에 그것들과 타협하여 융화를 꾀하고, 일본인은 여러 사상의 역사적 또는 풍토적 특수성을 강조하는 경향이 있다. 또 여러 종교에 대한 국가의 간섭은 인도에서는 그렇게 현저하지 않았지만, 중국에서는 상당할 정도로 간섭이 있었으며,

---

32) 後藤末雄, 『支那文化と支那學の起源』, p. 418.

33) 한 가정에서 다른 신앙을 가진 자가 있을 경우 어떻게 할 것인가? 일본 정토진종의 신자 열전(列傳)인 『묘코진덴(妙好人傳)』에 의하면, 일련종(日蓮宗) 신자인 남자와 결혼한 한 여인이 정토진종의 신앙을 간직해 이 종파의 본존 부처인 아미타불을 계속해서 신앙하고 있었다. 그러던 어느 날 남편이 알아차렸는데, 이를 계기로 남편을 정토진종에 귀의시켰다『묘코진덴』 초편 하권, 常州忠左衛門 항목). 또 반슈(播州)의 고자에몽(五左衛門)은 언제나 아내에게 불교에 귀의할 것을 권했는데, 부인은 전혀 귀담아듣지 않았다. 우연한 기회에 부인을 진종의 신앙에 귀의하게 했다고 한다(2편 상). 이러한 교화법(教化法)은 서양 종교의 가르침인 앞의 여러 가지 이야기와 정반대다.

일본에서는 극단에 달할 정도의 간섭이 있었다. 그러므로 이들의 입장을 '동양적'이라고 하나로 묶어버리는 것은 매우 주저하지 않을 수 없다. 또 관용과 유화의 정신은 서양에서도 근세에 이르러 특히 계몽사상가와 경건주의자들에 의해 창도되었다. 한편 아시아 가운데서도 이란 등 서아시아 여러 나라에서는 종교상의 여러 다른 설에 대해 배척과 탄압이 계속되고 있다.

이상 동양사상의 특징으로 종래 자주 지적되어온 것을 검토해보건대, 이것을 뭉뚱그려 서양사상과 대비시키기 위한 확실한 특징을 찾아내기는 곤란하다. 동양의 여러 민족에 통하는 어느 정도의 유사성을 인정할 수는 있지만, 그것을 전반적인 특징으로 간주하고, 그렇게 하여 그것을 서양에서는 인정되지 않는 것으로 보아 서양사상과 대비하는 것은 불가능하다고 생각된다. 다만 위에서 살펴본 것과 같은 여러 특징이 종종 지적되고 있다는 것은 이들의 여러 특징이 동양의 몇몇 민족에서, 또는 어느 시기에, 혹은 어떤 부류의 사람들에게서는 현저하기 때문에 그것들이 동양사상 전반에 대해 말하고 있는 것처럼 간주되는 것에 지나지 않는다. 따라서 위에서 실펴본 여러 특징이 부분적으로 진리성을 포함하고 있는 것도 확실하다고 볼 수 있다.

이 같은 단일한 '동양적' 특징이라는 것은 존재하지 않으며, 오히려 동양 가운데 민족에 따라 서로 다른 각종 사유방법의 존재를 인정하지 않으면 안 된다. 이것은 동양의 여러 민족의 문화를 비교해볼 때 확실시되고 있지만, 특히 불교가 동양의 각 민족에 의해 변모되어 수용되었다는 사실은 이러한 견해를 명료하게 증명해주고 있다. 본래 만인의 종교임을 표방하고 계급과 민족의 구별에 대한 초월을 주장하는 보편적 종교로서의 불교가 앞에서 자주 지적한 바와 같이 각 민족의 사유방법의 특징에 따라 변모해서 수용되고 있다.

물론 불교는 세계 종교이며, 특히 동양 여러 민족의 정신 또는 사회생활에 깊은 영향을 미치고 있으므로 설혹 민족이 다르다 해도 이들 각 민족의 불교인 사이에는 당연히 사유방법에 관해서도 공통점이 존재할 것이다. 불교도인 한 어떠한 민족의 신도에게도 통하는 일관성이 있어야 한다. [불교 신자로서의 공통성 · 일관성 문제는 이 책에서 다루지 않았다. 왜냐하면, 민족의 사유방법 문제와는 다른 문제이기 때문이다.] 그러나 그 사실은 대부분 동양의 여러 민족이 불교도인 한 일관성을 보이는 데 머물고, 그러한 관계가 동양 민족 전반에 미치는 것이라고는 할 수 없다.[34)]

왜냐하면 동양 제 민족은 반드시 불교도가 아니기 때문이다. 동양 제 민족 사이에 유사성과 공통성이 있다는 것이 동양인 일반의 공통성과 유사성을 보이는 것이라고 말할 수는 없다. 불교도 일반에서 도출된 결론이, 예를 들면 인도인 일반(그들은 불교 신자가 아니다)에 대해서도 적합한지 아닌지는 달리 연구해야 할 문제다.

이상에서 고찰한 결과 우리는 동양인 일반, 그리고 거기에만 통하는 사유방법의 특징이 존재하지 않는다고 말하지 않을 수 없다.

그런데 각 민족마다 사유방법이 각각 다르다고 하면, 거기에서 생성된 문화도 서로 이질적이라고 하지 않으면 안 된다. 이미 학자들 간에

---

34) 근대 인도의 종교가 스와미 비베카난다는 1893년 중국과 일본을 방문하여 여러 사원을 방문하던 중 고대 인도 문자의 사본이나 판각이 보존되고 있다는 사실에 감격하고, 아시아의 정신적 일체성에 대해 더욱 강한 확신을 가졌다고 한다(Romain Rolland, La vie de Vivekananda, I, p. 42). 그러나 엄밀하게 말한다면, 이는 사실상 불교의 보편성을 의미하는 것이다. 아시아의 일체성은 그런 범위에서 인정될 수 있는 데 지나지 않는다.

는 인도 · 중국 · 일본 세 민족은 각각 별개의 문화를 성립시켰다고 주장하고 있다.[35] 각 민족의 사유방법 또는 민족성이라는 점에 관한 한 이러한 주장을 승인해야 한다고 생각한다.

35) 津田左右吉,『支那思想と日本』, 東京: 岩波新書, 1938.

2
동양사상의 보편성과 특수성

(1) 동양의 관념[36] 및 그에 대한 종래의 비평

앞에서 동양인 전체에 고루 미치는 일반적인 사유방법은 존재하지 않는다는 것을 밝혔다. 그럼에도 현실 문제로 '동양사상', '동양문화' 등이 자명한 개념인 것처럼 통용되고 있는 것은 무엇 때문일까? 메이지유신 이래 서양문화를 급격히 수용해 정신적 혼란을 느낀 일본인은 그 이전 고래의 일본사상 안에 중국이나 인도사상이 융합되어 어느 정도 조화된 상태에 도달해 있어 그런 문제에 그다지 모순을 느끼지 않았다. 그렇기 때문에 그 관계를 중국사상 일반 및 인도사상 일반에도 확대 적용해 일본사상 일반은 중국사상 일반이나 인도사상 일반과 모순되지 않는 일체적인 것으로 생각해서 이를 총칭해 '동양사상'이라고 불렀다. 그리

36) '동양'의 관념을 문제로 삼아 최근 가장 많은 논의를 불러일으킨 것은 노스롭의 글이다. F. S. C. Northrop, The Meeting of East and West, New York, Macmillan, 1946.

하여 예부터 일본의 문화적 전통을 지켜 옹호하려는 사람들이 특히 동양사상의 중요성을 강조했다. 그러므로 오늘날에 이르기까지 일본의 문화적 전통의 존중에 대해 말하는 사람들은 대체로 동양주의자였다. 물론 편협한 일부 일본주의자는 일본 고유의 것을 존중한다고 말하면서 일본문화 중에서 인도문화 및 중국문화의 영향에 관한 것을 가능한 한 제거하려고 노력했다. 그러나 과거의 일본문화는 그 소재(素材)에서 인도 및 중국에서 혜택을 입은 것이 대부분이기 때문에 이 같은 편협한 견해는 일반 지식인들에게 받아들여지지 않았다. 일반 지식인들은 오히려 과거의 일본문화와 일반 동양문화의 유사성과 친연성(親緣性)을 주시해왔다. 그러므로 '일본'과 '동양'은 분명히 지역의 크기가 다름에도 그것들에 대해 그렇게 모순을 느끼지 않았다. 특히 일본문화의 우월성을 뽐내려는 태도가 서로 어우러져서 다음과 같은 견해가 일반적으로 통용되어왔다. "일본인은 외국문화를 섭취(攝取)하는 데 있어서 지극히 교묘한 민족이다. 일본인은 동양문화의 정수를 섭취해 동화시켰다. 불교 또는 유교가 그 전형적인 것이다. 일본은 금후 서양문명을 섭취해 새로운 문화를 건설할 사명이 있다." 이러한 견해가 동양문화와 과거 일본문화의 동일시를 정당화하고 있었다.

그렇지만, 지금껏 일련의 글에서 지적한 것처럼 인도문화 및 중국문화에 대한 일본인의 수용방법은 대단히 왜곡된 것으로 인도문화 및 중국문화를 전면적으로 섭취하여 소화한 것이 아니다. 과거 일본문화와 동양의 다른 여러 나라 문화 사이에는 분명히 본질적으로 모순되는 부분이 있다는 것을 간과해서는 안 된다.

이 같은 사태에 주목해 동양문화는 단일한 것이 아니라는 것이 이미 일본의 동양학자들 사이에서도 주장되고 있다. "동양이라는 호칭이 적용될 수 있는 지역을 어느 만큼 한정한다 해도 문화적 의의에서는 하나의 세계로 옛날부터 성립한 적 없고, 동양사라는 하나의 역사도 존재하지 않았으며, 따라서 동양문화라는 하나의 문화가 있다는 것은 본래 생각할 수 없는 것이다."[37] 그런데 이같이 주장한 학자는 동양의 단일성을 부정하면서도 서양의 단일성을 승인하고 있다. "소위 서양도 제 민족마다 각각 특이한 민족성이 있고 국가로서 각각의 역사도 있지만, 전체적으로 보면 하나의 세계를 형성해 하나의 역사로 움직여온 것이다."[38] 이와 함께 서양문화가 바로 세계문화라고 주장하고 있다. "오늘날에는 현대문화, 세계문화, 즉 소위 서양문화는 일본문화에 대립하는 것이 아니라 거기에 내재하는 것이며, 그것이 바로 일본문화다."[39] 존경할 만한 동양학자가 주장한 이 견해는 오늘날 상당히 많은 지식인에 의해 포용되어 지지받고 있다.

그런데 이러한 주장을 분석하면, 이 견해는 ① 서양문화의 단일성, ② 서양문화, 즉 세계문화라는 두 가지 전제가 다시금 준비되어 있어 그로 인해 동양문화의 단일성을 깨뜨리려고 하는 것이다. 그러나 우리는 이 두 가지 전제를 음미하고 비판하지 않으면 안 된다. 먼저 서양문화의 단일성 문제에 대해 생각해보면, 유럽 여러 나라가 예전부터 긴밀한 정신적 또는 물질적 연계를 갖고 문화를 발전시킨 것은 의심할 여지가 없

37) 津田左右吉, 앞의 책, p. 178.

38) 前揭書, p. 148.

39) 前揭書, p. 179.

는 사실이다. 그러나 서양문화의 단일성을 과연 승인할 수 있을 것인가. 서양문화는 결국 그 원점을 찾는다면 그리스와 헤브라이 두 가지 조류에서 유래하는 것인데, 두 조류가 상호 간에 항쟁한 것은 틀림없는 역사적 사실이다. 이 두 조류는 중세에 한 번 어떻게든 절충 · 융합되었다고 해도 근세가 되면 서양인의 일부, 즉 유물론자나 일부 자연과학자들과 어울려 헤브라이적인 종교사상으로부터 이탈했다. 그 밖에 서양문화 안에는 서로 이질적인 것이 많이 포함되어 있다. 또 소위 '동양적'이라고 불리는 사유방법의 특징이 도리어 서양인의 사유방법 안에서도 인정받는다는 것을 이미 지적한 바 있다.[40] '동'과 '서'로 나누어 양자를 명확히 구분하는 것은 최근 의문시되고 부정되는 경향이 있다.[41]

서양의 여러 민족 사이에 밀접한 교섭이 이루어졌다는 것은 결코 그들 제 민족의 사유방법의 단일성을 증명하는 것이 아니다. 실제로 서양의 제 민족이 서로 다른 제 민족의 사유방법이나 행동양식을 서로 경멸하고 있지 않은가? 영국인, 프랑스인, 독일인 등이 다른 사유방법을 내보이는 것뿐만 아니다. 그렇기는커녕 같은 미국인 중에서도 특히 보스턴의 보수주의자, 뉴욕의 실질주의자, 캘리포니아의 개척자들은 서로 다른 이질적인 사유방법을 서로 경멸한다. 그러므로 우리가 동양의 단일성을 부인한 것과 마찬가지로 적어도 사유방법에 관한 한 서양이라는 단일성도 부정하지 않으면 안 된다. 서양이라는 단일성도 끝까지 파고들어 밝혀낸다면, 결국 유형적 단일성 또는 근사적 단일성에 다름없다. 그 약간

40) 앞 절 참조.

41) 예컨대 Laurence J. Rosan, Are Comparisons Between the East and the West Fruitful for Comparative Philosophy?, Philosophy East and West, XI, 4, January, 1962, p. 239 f.

의 측면에 대해서는 그것마저 성립하기 어렵다고 할 수 있다.

다음으로 서양문화가 바로 세계문화라는 주장을 생각해보기로 하자. 근대에 서양 민족의 세계 지배 실현과 함께 세계의 단일화가 성립한 것과 같이 상식적으로는 받아들인다. 정치적으로도 경제적으로도 서양으로부터 고립한 민족 또는 국가가 존재할 수 없다고 하는 것은 말할 필요도 없다. 그 밖에 학문 · 예술 등의 영역에서도 서양문화의 영향은 결정적이다. 세계가 단일화함과 동시에 서양화한 것이라고 생각되는 까닭이다.

그러나 세계의 단일화라는 것은 물질적 자연에 작용하여 그것을 지배해 이용한다는 측면에서 현저한 것이며, 언어 · 도덕 · 종교 · 예술 · 습속 등의 측면에서는 각 민족의 정신적 습성은 좀처럼 바뀌기 어려운 점도 존재한다. 예를 들면 인도는 15세기 말에 서양인이 도래하고 나서 결국 서양인에 의해 지배되었지만, 그들의 지배 · 통치가 교묘했음에도 기독교인이 약 200만 명에 불과해 전 인구의 2.6% 정도에 지나지 않는다.[42] 그것도 힌두계급에 들지 않는 가장 천한 사회의 일원인 하층민 등이 그 주역이다. 대다수의 민중은 태곳적부터 전통적으로 전해져온 신앙을 신봉하고 있다. 중국에서도 그 사정은 거의 같을 것이다. 동양의 여러 민족이 서양의 사상 또는 문화의 영향을 받아도 쉽게 그 사유방법이나 사유경향을 바꾸지 않는 면이 있다는 것은 다만 동양인의 후진성과 정체성으로 치부해버릴 수 없는 문제다.

이상의 글에서 주로 불교 수용 형태를 단서로 해서 펼쳐진 사유방

---

42) Britannica Book of the Year 1986, p. 698.

법의 특징이라는 것은 근대에 기독교의 수용 형태에도 마찬가지로 나타나고 있음을 어느 학자가 주장했다. 이 문제에 대해서는 이 책에서도 필요에 따라 학자들의 연구를 인용했으나, 만약 그것이 사실이라면 제 민족의 사유방법은 의외로 강하게 남아있다고 할 수 있을 것이다.

동양인 또는 그 문화는 결코 전면적으로 정체해 있다든가 또는 전면적으로 후진적인 것이 아니다. 어떤 경우에는 서양과 나란히 진보하고 있다. 예컨대 총합적인 언어 형식에서 분석적인 언어 형식을 향해 움직여왔다는 것은 서양과 인도 또는 중국 그리고 티베트에서도 공통적이다. 그것은 앞에서 언급한 바와 같다. 어떤 면에서 세계의 주요 제 민족은 공통의 진보 과정을 따라가고 있다. 이 같은 공통된 진전 과정은 종교, 도덕, 사회제도, 정치조직 등에 대해서도 인정할 수 있다. 세계사에서 시대정신, 또는 세계사상사에서 발전단계 문제는 다른 데서 다시 논하지 않으면 안 된다.[43] 금후에는 여러 민족에 걸쳐 동시대적 또는 동단계적인 횡적 연계를 보면서 연구할 필요가 있다. 시대가 다르면 사회구성도 달라지고, 계급이 대립하는 방법도 달라진다. 그럼에도 옛날부터 오늘날에 이르기까지 전해지는 어떤 불변한 것이 있다. 민족의 사유방법에 관한 우리의 연구에서는 그것을 찾아내려고 한 것이다. 결코 역사적 · 시대적 변화 또는 계급적인 특성에 대해 풍토적 · 고정적인 것이 우월하다고 말하려는 것이 아니다. 세계가 같은 방향을 향해 전진해가면서도 민족적 구별은 소실되지 않는다. 그렇게 민족적 구별이 존속하는 한 서양민족 또는 서양문화라는 것도 여전히 특수한 것으로 생각하지

43) 拙著, 『比較思想論』, 東京: 岩波書店, 1938, p. 249 이하 참조.

않으면 안 된다.

(2) 동양사상과 그 보편성

서양화가 바로 세계화라고 주장하는 사람들도 다음과 같은 견해를 가지고 있다. 동양의 제 문화는 결국 서양문화에 종속하는 것이다. 동양인의 여러 사유방법의 특성은 결국 서양인의 사유방법에 의해 극복될 수밖에 없다. 서양문화는 보편성을 가지고 있으나, 동양문화는 보편성을 갖고 있지 않다. 예컨대 막스 베버는 "보편적인 의의와 타당성을 발전시킨 것 같은 문화의 제 현상은 서양에 여전하며, 서양에서만 출현한 것이다"라고 말하며, 그것은 "도대체 어떠한 조건의 연쇄에 따르고 있었는가?"[44]라는 것을 문제 삼아 세계 전반에 걸쳐 거의 모든 종교체계의 사회학적 연구를 수행했다. 일본에서도 마찬가지로 적어도 중국사상 같은 보편성을 가질 수 없는 것이라고 말하기도 했다.[45]

그렇지만 보편성을 가질 수 없다는 것은 어떤 의미일까? 근대서양에서 일어난 자연과학적 인식 혹은 기술 같은 것이 쉽게, 그것도 대부분 그 모양 그대로 이해 · 섭취된다는 것은 당연하다. 그러나 그 밖의 문화 영역에 관해서는 서양의 문화적 소산이면 모두 보편성을 가질 수 있어

---

44) Max Weber, Aufsätze zur Religionssoziologie, Einleitung.

45) "중국 상대에 형성된 정치나 도덕에 대한 가르침이 지식 사회의 사상으로서는 오랫동안 그 권위를 잃지 않고 지속되어왔는데, 그것은 다른 민족에 적용되어서는 안 될 뿐만 아니라 사상으로서 깊은 도리를 이해하는 것까지 중국 이외의 민족에는 심히 곤란한 것이다"(津田左右吉, 『支那思想と日本』, 岩波新書, 1938, p. 8).

서 이에 어긋나는 다른 제 민족의 문화적 소산은 모두 보편성을 가질 수 없다고 말할 수 있을 것인가?

인류 역사를 통관(通觀)해보면, 동양의 사상이 서양의 사상에 영향을 준 흔적을 여러모로 인정할 수 있다. 기독교 성경에 불교 경전에 들어 있는 이야기의 흔적이 있다든가, 그리스철학의 일부에 인도철학이 영향을 끼치고 있다든가 하는 것이 자주 주장되지만, 최근의 연구에서는 점차 그 내역이 밝혀졌다.[46] 서양 중세의 우화나 전설 이야기에 인도 문예의 영향이 있는 것은 학자들에 의해 확인되었다.[47] 특히 불교의 보살 관념이 멀리 서방에 전파 · 변용되어 가톨릭교 성자의 한 사람으로 받들어 모셔지고 있는[48] 것 등은 미미한 사실이라 해도 경시할 수 없다. 인도 고타마 붓다의 전기가 서양에 전해져 가톨릭 성도들의 전기에 변용되어 다시 기독교인에 의해 일본에 전해졌으나, 그것이 불교 성전에서 유래한다는 것을 불교인이나 기독교인도 몰랐다는 사실이다.[49]

근대에 이르러 번역을 통해서이긴 하지만, 동양사상이 서양에 상당히 자세히 알려지게 되었다. 그 이후로 동양사상이 프랑스[50] 및 독일

---

46) 舊選集 제16권,『インドとギリシアとの思想交流』(本選集 19권,『インドとギ西洋の思想交流』, 春秋社, 1998)

47) M. Winternitz, Geschichte der indischen Litteratur, S. 266-267.

48) 보살(Bdhisattva)은 페르시아어로 'Budsaf'라 하며, 가톨릭교회 성자의 한 사람인 요아사프(Joasaf)다.

49) 기독교가 일본 역사상 억압받던 시절의 문학작품에 번역된 요아사프에 대한 이야기「산토스의 일」(Acta Sanctorum, 1591년 일본어로 간행되었다) 내용은 불교의 전설과 일치한다(村岡典嗣,『吉利支丹文學抄』, pp. 51-88; 姉崎正治,『切支丹傳道の興廢』, pp. 390-391 참조).

50) 프랑스에 영향을 미친 중국사상에 대해서는 後藤末雄,『支那文化と支那學の起源』, 1933 참조.

의 사상 형성에 미친 영향은 상당히 현저하게 남아있다. 중국사상은 특히 계몽사조에 자극을 주었는데, 볼테르(Voltaire, 1694~1778)나 볼프(Wolff, 1679~1754)에게 깊은 감화를 주었다. 또 인도사상은 특히 독일의 낭만주의(romanticism) 형성에 기여했다. 슐레겔(Schlegel) 형제[51)]에 의한 운동과 쇼펜하우어 철학, 근대 카이젤링크의 사상 등도 인도사상의 영향 없이는 생각할 수 없다. 훔볼트[52)]는 인도의 『바가바드기타(Bhagavad Gita)』를 전 세계를 통틀어 가장 아름답고 심원(深遠)한 철학서라고 격찬하고, 쇼펜하우어(Arthur Schopenhauer, 1788~1860)[53)]는 『우파니샤드(Upanisad)』를 "내 생과 사의 위안"이라고 부르며 자기 사상의 연원(淵源)을 여기에서 찾고 있다. 카이젤링크는 "세계대전 이후의 혼란은 보살의 이상에 의해서만 구제를 받을 수 있다"고 말하며, 자신의 저술 『철학자의 여행일기』에서 결론짓고 있다.

현대 미국의 철학자 모리스(Charles W. Morris)나 문명비평가인 멈퍼드(Mumford)는 앞으로 세계가 나아가야 할 방향을 '미륵보살의 길(Maitreyan Way)'이라고 부르고 있다. 현대 미국에서는 프래그머티즘(pragmatism, 실용주

---

51) 형인 August Wilhelm von Schlegel(1767~1845)은 독일의 문예평론가로 셰익스피어 문학의 독일어 번역 등 문학 · 예술 강의로 당시 낭만주의를 대표하는 논객이었다. 동생인 Friedrich von Schlegel(1772~1829)은 독일의 평론가이며 언어학자로 형과 함께 『아테넴』 잡지를 간행하고, 「인도인의 언어와 영지(英知)」로 비교언어학 분야를 개척했다.(옮긴이 주석)

52) Friedrich Wilhelm Christian Karl Ferdinand von Humboldt(1767~1835)[옮긴이 주석]

53) 독일의 철학자로 칸트의 인식론을 현상주의적으로 철저하게 궁구했다. 세계를 표상(表象)으로 보고 그 근본 원리는 삶의 맹목적 의지이며, 인간 생활에서 의지는 끊임없이 다른 의지에 의해 막혀 삶은 동시에 고통을 의미하고, 이러한 고통을 모면하기 위해서는 의지의 영원 소멸과 진실을 관철하는 것 외는 없다고 설파했다. 또한 체관 이외에는 없다고 주장했다. 주요 저서로 『의지와 표상으로서의 세계』가 있다.(옮긴이 주석)

의)적인 견지에서 동양사상에 대한 관심이 급격히 높아지고 있다. 노스롭(John Howard Northrop, 1891~1987)[54]의 연구 등도 이 같은 견지에서 유래한다. 문인 올더스 헉슬리(Aldous Leonard Huxley, 1894~1963)[55] 등을 통한 영향도 대단히 광범위함을 인정할 수 있다. 또 극히 적은 수이기는 하지만, 영국이나 독일 그리고 미국에는 '불교인'이라 자칭하는 사람들이 나타나 작은 단체를 결성했다.[56] 그리하여 앞으로 새로운 동양사상이 더욱더 깊이 이해된다면, 그 영향은 점차 현저해질 가능성을 부인할 수 없을 것이다.

또 예컨대 소위 동양 내부에 국한해서 보아도 과거에는 위대한 문화교류가 행해졌다. 불교는 거의 전 아시아에 전해졌다. 유학이 일본의 현실생활을 어느 정도까지 규정 지었는지에 대해서는 여전히 연구를 필요로 하는 문제이긴 하나, 어찌됐건 간에 과거 일본의 현실 사회생활에 어떤 종류의 규제력을 가지고 있었던 것은 의심할 여지가 없다. 유학자

---

54) 미국의 생화학자. 록펠러의학연구소의 연구원으로 산소의 단백질에 대한 특성을 해명하고 노벨 화학상을 수상했다.(옮긴이 주석)

55) 영국의 작가로 나중에 미국으로 이주했다. 유럽에서 저명한 과학자를 배출한 헉슬리가의 일원이었다. 조부 토머스 헉슬리는 다윈의 진화설을 지지한 유명한 생물학자다. 부친은 문예잡지를 펴낸 문학인이며, 형인 줄리안 헉슬리도 진화론으로 유명한 생물학자이며 평론가였다. 또한 그는 1946년부터 1948년까지 유네스코 사무국장을 지내기도 했다.(옮긴이 주석)

56) 서양에서의 불교에 대해서는 와타나베 가이교쿠(渡辺海旭)의 『歐美の佛教』 참조. 독일에서의 불교 연구 및 보급을 위해 간행된 저서의 제목은 Hans Ludwig Held, Deutsche Bibliographie des Buddhismus, München, 1916에 수록되었는데, 2,544부나 인쇄되었다. 서양인으로서 출가해 비구승이 되어 적극적으로 활동한 사람들도 나오게 되었다. 영국인 아난다 메테야(Ānanda Metteya) 비구승과 독일인 냐아나티로카(Nyānatiloka) 비구승이 가장 유명하다. 냐아나티로카가 승려가 된 후 영문으로 펴낸 저서는 오늘날 동남아시아 여러 나라에서 널리 읽히고 있다. 독일에서도 '붓다협회(Gemeinde um Buddha)'라는 여러 단체가 설립되었지만, 제2차 세계대전 당시에는 정권을 장악한 나치에 의해 활동이 금지되었는데, 전쟁이 끝난 뒤 다시 활동을 개시했다고 한다. 전쟁 후의 활동에 대해서는 나카무라 하지메, 『いまの世界と東洋思想』(山喜房佛書林, 1955) 참조.

들에 의하면, 유교가 들어오면서 일본에서는 비로소 인간으로서의 윤리가 지켜지게 되었다.[57] 오규 소라이(荻生徂徠, 1666~1728),[58] 다자이 슌다이(太宰春台), 야마가타 슈난(山県周南) 등의 유학자는 고대 일본에는 도덕으로 볼만한 사상이 없었으며, 중국의 유교가 전래되면서 처음으로 국민생활에 도덕이라는 것이 발생했다고 생각했다. 특히 다자이 슌다이는 일본에는 본래 인간 결합의 윤리에 관한 자각이 없으며, 중국에서 '성인의 길' 또는 '성인의 가르침'이 들어오면서 처음으로 일본인이 도덕적이 되었다고 생각했다.

> 일본에는 원래 도(道)라는 것이 없었다. 최근에 신도(神道)를 말하는 자가 나타나 우리나라(일본)의 도(道)를 고묘(高妙)한 것처럼 말하지만, 모두 후세의 허담 망설이다. 일본에 도(道)라는 것이 없다는 증거로 '인의예악효제(仁義禮樂孝悌)'라는 글자에 화훈(和訓)이 없다는 것이다. 대저 일본에 원래 있는 것이라면 반드시 화훈이 있다. 화훈이 없다는 것은 일본에 원래 이것이 없기 때문이다. 예의라는 것이 없었기 때문에 신대(神代)로부터 인간 황제 40대에 이르기까지 부모, 자식, 형제, 숙질이 부부가 되었다. 그사이에 타국과의 교류에서 중화(中華)의 성인의 도(道)가 이 나라에서 행해져 천하만사를 모두 중화에서 배웠다. 그 뒤부터 이 나라(일본)의 인간도 예의를 알고 인륜의 도를 깨닫게 되어 짐승 같은 행동을 하지 않게 되었다. 지금

57) 宇田尚, 『日本文化にお及ぼせる儒教の影響』, p. 340 이하 참조.

58) 일본 에도시대 유학자. 太宰春台(1680~1747)와 山県周南(1687~1752)은 그의 제자다.

세상에서는 천한 무리도 예의를 어기는 자를 보면 짐승들과 같이 생각하는 것은 성인의 가르침이 보급된 것이다."[59]

또 불교인 입장에서 보면, 그것과 마찬가지로 불교가 들어오기 전의 일본은 암흑 속의 세상이었으나, 불교가 들어온 후 처음으로 사람들이 배울 수 있어서 참을 수 없는 기쁨 속에서 생활했다고 한다. 예컨대 렌뇨(蓮如)[60]는 그러한 기쁨의 느낌을 다음과 같이 표명하고 있다.

우리나라(일본)에는 긴메이(欽明) 천황 때 비로소 불법이 전해졌다. 그 뒤에는 여래의 교법도 유포되기 시작해 깨달음의 길도 듣게 되었다. 여기에서 우리가 얼마나 좋은 인연에 의해 불법이 유포된 세상에 태어나고 생사 해탈의 길을 들을 수 있었는지 알게 되었다. 참으로 서로 만나기 힘든 것이 만나게 된 것이다.[61]

또 니치렌(日蓮)은 다음과 같이 말했다.

고대에 아직 불법이 전해지지 않았을 때는 부처님이라는 것도 불

59) 『벤도서(弁道書)』

60) 1415~1499년간 일본 정토진종을 중흥시킨 조사. 당시의 난해했던 불교 교리를 일반 민중의 입장에서 알기 쉽게 해석 및 제작했으며, 특히 불교 포교에 전념해 오늘날 정토진종이 최대의 신자를 가질 수 있는 기초를 쌓았다.(옮긴이 주석)

61) 蓮如, 『帖外御文』(禿氏祐祥, 『蓮如上入御文全集』, p. 76)

법이라는 것도 알지 못했으나, 모리야[62]와 가미쓰미야(上宮) 태자[63]의 내전 후에는 믿는 사람도 있었고, 믿지 않는 사람도 있었다.[64]

이같이 보편적 교법(教法)으로서의 자각을 갖게 한 교설(教說)에 어찌 보편성이 없다고 할 수 있을 것인가.

동양의 단일성을 부인하는 논자는 즐겨 동양사상의 보편성을 부인한다. 동양의 단일성을 부인하여 수많은 단위로 분해하는데, 그럼에도 그들 단위 사이에 상호적(또는 일방적) 영향이 있는 것을 인정하면서 여전히 굳이 사상의 보편성을 부인한다. 이것은 분명히 논리적으로 모순이다. 우리는 이러한 논리적 모순에서 벗어나지 않으면 안 된다.

우리는 동양의 단일성을 부인하고, 몇 개의 단위를 세우는 데 찬성한다. 그러므로 정말로 그 때문에 동양에 성립한 여러 가지 사상체계에 보편적 의의를 인정하려고 한다. 그것은 결코 이들 체계의 모든 부분이 보편성을 갖는다는 것이 아니다. 그 가운데 어떤 부분에는 보편적 의의

62) 모노노베 모리야(物部守屋, ?~587). 탄생 연대는 확실하지 않다. 일본 고대 아스카(飛鳥)시대의 유력한 호족의 자손으로 당대에 유력한 군사력을 확보하고 있었다. 일본에 불교가 전래됨을 강경하게 반대한 배불파로서 당시 숭불파인 소가(蘇我) 씨와 격심한 대립 상태에 있었다.(옮긴이 주석)

63) 쇼토쿠(聖德)태자(574~622)를 일컫는 것으로, 가미쓰미야(上宮)왕이라고도 한다. 일본 고대 아스카시대(593~710)의 황태자로 스이고(推古) 천황의 섭정을 했고, 숭불파인 소가노우마코(蘇我馬子) 씨와 협조해 불교를 국교화했으며, 국제적 긴장 속에서도 수나라와 당나라에 사절단을 보내 외국과의 적극적인 외교에 힘썼다. 국내적으로는 일본 최초의 법률이라 할 수 있는 「17조 헌법」을 창시했으며, 정부 관료 체제도 12관위를 만들어 국가상을 정립한 정치가 또는 황족으로 알려져 있다. 고대 신라, 고구려, 백제와도 불교를 통해 깊은 관계를 맺은 정치가이기도 하다.(옮긴이 주석)

64) 『법화초(法華鈔)』

를 인정하지 않으면 안 된다. 그리하여 어떤 부분이 보편적 의의를 가지고 있는 것인가 하는 것 또한 시대에 따라 변화할 것이다.

만약 인류가 만들어낸 사상을 공평하게 검토하려고 하는 입장에 선다면, 서양사상만이 보편적이고 그 밖의 민족사상은 보편적 의의를 갖지 않는다고는 도저히 말할 수 없을 것이다. 헬레니즘 시대의 고대 그리스인(적어도 그중 일부 사람들)[65]은 다른 민족의 철학사상도 마찬가지로 의의를 갖는다는 것을 인정했다. 근대 서양의 철학자 중에서도 이 같은 견해를 가지고 있던 사람들이 상당히 존재한다.[66] 그러나 특별히 서양사상만 그 보편적 우월성을 인정하려고 하는 것은 근대 서양의 자연 지배적인 힘을 과시하려고 하면서 거기에만 환혹(幻惑)되어 있기 때문이다.

현대 세계는 서양이 정치적 · 군사적 압력을 바탕으로 전 세계를 통일시켜가고 있음은 의심할 여지가 없는 사실이지만, 그것은 서양 이외 제 민족의 문화가 무의미한 것을 증명하는 것이 아니다. 고대 서양을 보

---

65) 셀레우코스 니카토르와 동시대 사람이던 저자 메가스테네스는 자신의 저술인 『인도지』 제3장에 다음과 같이 대단히 상세히 밝히고 있다. "실로 그리스인이 말하고 있는 모든 것을 또 그리스의 다른 철학자들도 말하고 있다. 즉, 인도인 밑에는 브라크마나(Brakhmana = 바라문)들에 의해, 또 시리아에서는 이유다이오스(Eudaios=유태인)라 불리는 사람들에 의해"(Clemens of Alexandria, Strom. I, p. 305. D.[Ed. Colon. 1688]. 다만 Megasthenis India, Fragmenta collegit commentationem et indices addidit E. A.Schwanbeck, Fr. 42에 의함).

66) 쇼펜하우어가 페르시아어 번역을 통해 우파니샤드 성전에 심취한 것은 철학사적으로 유명한 사실이다. 그 영향을 받아 도이센은 세계 속 모든 민족의 철학사를 저술했다(Allgemeine Geschichte der Philosophie). 언어상 제약으로 중국 또는 일본의 철학에 대해서는 상세하게 설명하지 못했지만, 이에 대해 고려하고 있다. 전 세계의 사상을 고려한다는 점에서는 G. Misch, Der Weg in die Philosophie; H. Keyserling, Reisetagbuch eines Philosophen 등도 마찬가지일 것이다. Masson-Oursel, La philsophie는 이러한 점에서 적극적인 주장을 펼치고 있다. 에머슨이나 Royce, The World and the Individual 등에서도 볼 수 있는 것과 같이 미국의 철학자들도 인도철학에 깊은 관심을 가지고 있다.

아도 그리스 문화는 로마의 정치적 또는 군사적 지배하에 있었음에도 어디까지나 지도적 의의를 가지고 있었다. 인도는 예부터 자주 외래 민족에게 지배당했음에도 한편으로 현란한 문화의 꽃을 피우고 있었다. 현실의 문화가 정치적 · 군사적 압력에 지배되는 것이라는 엄연한 사실을 무시해서는 안 되지만, 그와 함께 힘을 가지고 있어도 억압할 수 없는 인간성의 존귀함을 자각하지 않으면 안 된다.

이 같은 사태를 주시한다면, 패전 후인 오늘날 설사 관용적 또는 편의적인 명칭이라 할지라도 '동양'의 의의를 주장한다는 것은 결코 의미 없는 일이 아니다. 우리는 여전히 동양을 알고, 동양의 문화를 발전시킨다는 지극히 큰 의미를 인정한다.

원래 동양(the East) 또는 오리엔트(the Orient)라는 관념은 '서양'에 대해 세워진 관념이다. 내용이 분명하지 않음에도 서양인의 군사적 또는 정치적 우월성에 압박받던 제 민족이 각각 자기들의 문화를 지키려고 하면서 예기치 않게 애용한 말이다. "아시아는 하나다"라고 말하는 오카쿠라 텐신(岡倉天心, 1862~1913)[67]의 말은 사실 내용적으로는 올바르지 않다. 그것은 사상적 사실에 걸맞지 않다. 그러나 각자 자기 문화를 옹호 · 발전시키고자 한 동양의 제 민족은 목적이 같다는 공통점 때문에 예기치 않게 이 표어에 결부된 것이다. 그것은 서양의 패권에 대해 각자의 문화를 옹호하자는 반발이기도 했다.

제각기 다른 여러 민족이 각각 자기의 문화적 전통을 옹호해 발전시

67) 일본 메이지시대 요코하마에 태어났다. 일본 미술계를 대표하는 지도자로 도쿄예술대학 학장을 지냈으며, 일본 미술원을 창설했다. 미국 보스턴 미술관 동양부 부장도 역임했다. 영문 저서로 『동양의 이상』 등이 있다.(옮긴이 주석)

키려는 요구는 정당하다. 우리는 그것을 충분히 존중해야 한다. 다만 경우에 따라 주의하지 않으면 안 되는 것은 각 민족은 외래문화에 대해 끊임없이 비판적임과 동시에 자기 고유의 문화에 대해서도 비판적이어야 하고, 스스로 겸허해야 하며, 비판을 통해 새로운 문화를 형성해야 한다.

만약 비판을 잊어버리고 과거에 있었던 것들을 모두 긍정하고 옹호하는 태도로만 나아간다면, 그것은 자기 문화를 오히려 사멸시키는 것이 된다. 또 외래의 문화를 전면적으로 긍정한다면, 이는 외래문화를 맹목적으로 수용하는 데 머물고 마는 것으로, 새로운 인류 문화의 형성에 아무런 적극적인 기여도 하지 않은 것이 된다.

이 같은 입장에서 보면, 동양 연구라는 것은 다만 호사가들의 취미에 의한 것뿐만 아니라 새로운 문화 형성에 적극적으로 공헌할 수 있게 된다. 또 그렇게 하지 않으면 안 된다. 종래에는 근대 서양에서 성립한 학문 및 방법을 유일하고 절대적인 것처럼 생각한 사람들이 있었으며, 오늘날에도 변함없이 이러한 경향이 현저한 듯하다. 거기에는 상당한 이유가 있겠으나, 근대 서양의 학문 자체에 대해서도 비판적이지 않으면 안 된다. 앞으로의 학문은 동양문화의 연구 결과를 받아들여 넓은 기반 위에서 형성 · 발전시키는 것이어야 한다.

(3) 사유방법의 비교 연구와 철학

동양인의 사유방법에 대한 비교 연구는 동시에 서양철학에 대한 비판적 의의를 갖고 있는 것이며, 또 그렇지 않으면 안 된다. 이 같은 의의를 가져오기 위해서는 특히 동양의 완성된 철학 체계를 서양의 그것과 대비해야 한다는 것은 말할 여지가 없다. 일찍이 도이센(Paul Jakob Deussen, 1845~1919)[68]은 다음과 같이 표명했다.

> 만약 태양계의 위성, 예컨대 화성이나 금성에 인간 또는 인간 같은 존재가 살고 있어 문화의 꽃을 피우고 철학을 성립시켰다고 하자. 그 존재의 하나가 우연히 탄환처럼 우리의 인력권 안에 들어와 그들의 철학을 알게 되었다고 하자. 이 경우 그들의 철학적 성과에 대해 의심도 하지 않고 흥미를 자아낼 수 있을까? 우리는 주의 깊게 우리의 철학과 그들의 철학을 비교 검토할 것이다. 만약 차이가 있다면, 그 어느 쪽에 진리가 있는지 검토할 것이며, 일치한다면 각각의 철학적 사색의 결론에 대한 옳음이 보증되는 것이다. 그때는 칸트가 말한 것 같은 자연적으로 불가피한 순수이성의 지적(Sophisticationen)을 고려해야겠지만, 그건 그렇고 그러한 희망은 우리가 인도철학을 알게 됨으로써 현실적으로 열렸다. 인도철학은 서양철학과는 독립적으로 발달한 것이기 때문이다.[69]

도이센은 계속해서 이렇게 말했다.

> 이에 대해 사람들은 다음과 같이 말할지도 모른다. 우리가 이렇

---

68) 독일의 철학자이며, 동양학자 또는 불교학자로서도 정평이 나 있다.(옮긴이 주석)

69) P. Deussen, Die Sûtras des Vadânta, 1920, Vorrede S. 5-6.

게 대단히 진보한 시대에 살고 있는데, 아직도 고대 인도인으로부터 무엇인가를 배우려 하는 것은 아마도 유치하고도 빗나간 시도일 것이다. 그렇지만 인도인의 세계관을 아는 것은 유익한 것이다. 그로 인해 우리의 종교적 철학 사색 전체가 터무니없는 편견에 빠지고 있다는 것, 그리고 헤겔이 유일하게 합리적이 되도록 만들어낸 사물에 대한 이해 방법과는 완전히 다른 사물에 대한 이해 방법이 여전히 존재한다고 설득하고 있다.[70)]

도이센의 발언은 우리가 고려해야 할 얼마간의 문제를 제시하고 있다. 그러나 지금 이 책에서는 민족의 사유방법을 문제 삼고 있으므로 비교 철학[71)]의 의의에 관해서는 접근하지 않기로 한다. 다만 여기서는 다음의 것을 특히 강조한다.

근세 서양철학에 대해 살펴볼 것 같으면, 예컨대 칸트가 요구하는 철학 개념은 '전문 학술적 개념(Schulbegriff)'이 아니라 '일반 인간적 개념(Weltbegriff, conceptus cosmicus)'이다. 그는 다만 "학문으로서만 요구되며 지식의 통일, 즉 인식의 논리적 완전성 이상의 어느 것도 목적으로 하지 않는 인식 체계"를 목표로 한 것이 아니었다. 그는 철학에 대해 "모든 인식

---

70) P. Deussen, Allgemeine Geschichte der Philosophie, I, 1, S. 36.

71) 인도철학과 서양철학의 비교라는 점에 대해 말하면 P. Deussen, Allgemeine Geschichte der Philosophie, 2 Bände를 최초의 문제로 하고, 계속해서 S. Radhakrishnan, Indian Philosophy 2 Vols. 1923, 1930이 이 문제를 종종 고려했다. Rudolf Otto, West-Östliche Mystik, Gotha 1929는 샹카라의 형이상학을 에크하르트 및 휘테와 비교해 동서 신비주의의 다른 점을 밝히고 있다. 칸트의 정언적 명법(定言的命法)과 프라바카라(Prabhākara)의 그것과의 비교는 Th. Stcherbatsky가 Festgabe Hermann Jacobi, Bonn, 1926, S. 369 f에서 상세히 논하고 있다. 종전의 여러 연구는 졸저『比較思想論』(岩波全書, 1960)에서 상세히 소개 및 비평했다.

이 인간 이성의 본질에 대해 갖고 있는 관계의 학문"을 이상으로 여겼다. 철학자는 이성 기술자가 아니라 인간 이성의 입법자(立法者; Gesetzgeber der menschlichen Vernunft)[72]다. 그러므로 그에게 최고의 철학이 부여하는 진리는 사실 상식을 가진 사람이라면 이미 알고 있는 것이었다.

그것은 이 같은 입장에 있었기 때문일 것이다. 그의 형이상학 중에는 종교 도덕에 관한 서양 일반의 상식적 견해가 머리를 쳐들고 있다.

칸트는 그의 저술 『순수이성비판』의 선험적 변증 이론에서는 마음, 자유, 신이라는 이념의 본질을 구명했고, 그것이 오성(悟性) 개념이 아니라 이성 개념이며, 따라서 자연 인식에 대해서는 범주처럼 구성적이 아니라 통제적이라는 것, 그렇다 해도 만약 우리가 이념의 의의를 오해해서 그것을 구성적으로 사용할 경우에는 가상을 초래한다고 주장했다. 그러나 그의 철학에 의하면, 이념은 결단코 가상이 아니다. 이념의 오용이 가상을 초래하는 것이다. 그러므로 그는 이념의 자연적 실재성을 거부했으나, 형이상학적 실재성은 인정했다. 그렇게 해서 거기에 그의 실천 철학이 기초를 확고히 하고 있었던 것으로 여겨진다.

그런데 그가 이 같은 이념의 형이상학적 실재성을 인정했다는 것은 실로 서양인 일반에 있어서 '일반 인간적 개념'에 따르고 있었기 때문이다. 그 자신이 자각했는지 아닌지는 확실하지 않지만, 그에게 그와 같은 이념을 세우게 한 것은 서양인의 전통적인 종교적 · 도덕적 관념이다. 이 같은 이념은 일반 동양인 사이에서는 반드시 자명한 것으로 받아들여지지 않고 있다. 예컨대 영혼에 형이상학적 존재를 인정하는 사상은 불교

---

72) Kant, Kritik derreinen Vernunft, S. 866 f.

에서는 배척되고 있다. 불교도는 영혼불멸의 관념을 크게 주장하지 않고, 도덕 성립의 기초를 확고히 하려고 한다. [오히려 인도의 불교 철학자에 의하면, 영혼불멸의 관념은 도덕을 파괴하는 것이다. 영혼이 정말로 불멸한다면, 사람을 죽여도 된다는 결론에 도달하기 때문이다.]

일반 인도인은 자유의 문제도 오히려 업(業, karman)의 법칙에 따라 설명하려 한다. 신의 관념에 대해 보아도 불교도들이나 자이나교도들은 유일한 세계 창조신이라는 것을 모두 부인한다. 일반적으로 동양사상, 특히 인도사상에서 신들은 중요한 의의를 가지고 있지 않다. 인도인은 일반적으로 신의 권위를 떠난 곳에서 도덕의 기초를 확고히 하려고 한다. 이 같은 견해는 칸트의 철학적 시야에는 들어가지 않았다. 종래 여러 시점에서 행해지고 있는 것이지만, 칸트의 사상을 단지 인류의 사회 및 사상의 발전 단계가 시작되는 하나의 전회점(轉回點)으로만 해석하는 것은 최선을 다하지 않은 측면이 있다. 이 점에 관한 한 칸트 철학도 결국은 서양인의 상식적인 윤리적 · 종교적 관념의 철학적 · 이론적 표현에 지나지 않는다.

이상은 하나의 예에 지나지 않지만, 어찌됐건 우리가 동양인의 각종 사유방법을 철학적 사색의 시야에 끌어들인다면, 그것은 서양 철학사상을 비판적으로 고찰하기 위한 단서를 주게 된다.

만약 이 같은 고려 없이 서양의 어느 하나의 철학사상을 아무 비판 없이 받아들인다면, 그것은 일본인 특히 일본의 지식인들 사이에 현저하게 나타나는 단지 권위에 대한 맹종에 지나지 않는다.

독일의 철학자들이 '일반 인간적 개념(Weltbegriff)'으로 내놓은 것은 결국 독일 사람들의 정신적 또는 사회적인 인간 생활의 역사적 전통에 제약을 받고 있는 것이므로 그러한 사태를 무시하고 거기에만 보편적 의의를 인정하여 동양사회에 통용시키려고 하는 것은 문화형성에서 일종의 무비판적 태도라고 할 수 있다. 서양 철학자가 '일반 인간적 개념'으로 다룬 것도 많은 일본인에게는 '전문 학술적 개념'이 되어버린 것이 적지 않다.

우리는 일견 아무 관계가 없는 것 같은 동양인의 사유방법을 고려함으로써 서양의 철학사상에 대해 비판적이 될 수 있다.[73)] 그리고 비판의 결과로 진리를 목표로 하는 새로운 철학의 확립으로 나아가는 하나의 유력한 수단을 얻을 것이다.

---

73) 예컨대 독일의 철학자로 신칸트파의 서남 독일학파를 대표하는 인물로 알려진 리케르트(Heinrich John Rickert, 1863~1936)는 역사과학을 개성 기술적(idiographisch), 자연과학을 법칙 정립적(nomothetisch)으로 특징 지었다. 그러나 이 책에서 이미 고찰한 바와 같이 중국인의 사유방법은 개성적 · 기술적이며, 인도인의 사유방법은 법칙 정립적이다. 적어도 이 두 가지 술어의 그리스 어원에 관한 한 이같이 단정 지어도 지장이 없을 것이다. 그러므로 동양인의 사유방법의 이와 같은 특징에 유의한다면, 리케르트 및 그에 따른 독일인의 학문론에 대해서도 다시 한번 더 반성할 필요가 있다.

3
사유방법의 차이에 대한 인식 근거와 실재 근거

이상의 연구에서는 먼저 동양 제 민족의 사유방법의 특징을 살펴보고, 아울러 그 특징들이 여러 방면의 문화현상 속에 어떻게 나타나고 있는가를 특히 보편적 종교로서의 불교를 어떻게 변용시켰는가 하는 것으로 고찰해보았다.

여기에서 문제가 생겨난다. 이와 같이 각 민족마다 사유방법의 차이를 성립시키는 실재 근거[ratio essendi, kāraka hetu, 생인(生因)]는 무엇일까? 대체 무엇에 의해 이 같은 표현방법 또는 사유방법의 차이가 성립하는 것일까? 그것은 인식 근거[ratio cognoscendi, jnāpaka hetu, 요인(了因)]에 대해 어떠한 의미를 갖는 것일까?

이 문제는 대체로 철학뿐만 아니라 일체의 인문과학으로서 근본적이고도 어려운 문제이므로 지금 여기에서 간단히 해결할 수 있는 것은 아니다. 다만 우리는 이상에서 고구(考究)해 온 범위에 대해 일단 정리해서 고찰해보고자 한다. 그렇게 하면 한정된 범위에 대한 고찰에서 얻을 수 있었던 일단의 전망이 이 문제의 해결에 이바지하게 될 것이다.

제 민족의 사유방법의 차이를 낳는 근거로는 많은 것을 생각할 수 있다. 먼저 사유방법의 특징은 민족의 혈액 또는 혈통과는 관계가 없는 것 같다. 다시 말해 사유방법의 특징과 인종적인 특징은 일치하지 않는다. 어떤 민족의 일부 사람들을 다른 더 크고 강력한 민족 안에 섞여서 생활하도록 하면 저절로 거기에 동화되고, 또한 같은 사유방법의 특징을 내보이게 된다. 예를 들면 외국에 이주한 일본인 이민 같은 경우를 우리 주변에서 느끼는 것이다. 또 같은 종족인 아리아 민족이 동쪽과 서쪽으로 나뉘게 되면, 즉 유럽인과 인도인 사이에서 다른 사유방법의 특징을 내보이기에 이르렀다는 것은 이미 지적한 바와 같다. 인도인은 순수한 아리아인이 아니라 원주민과 피가 섞여 있기 때문에 그러한 차이가 나타난 것이 아닐까 생각된다. 그러나 그에 대해 유력한 반증이 존재하고 있음을 알 수 있다. 서북 인도의 주민은 오늘날에도 여전히 순수한 아리아인의 혈통을 보유하고 있지만, 그들은 이미 선조 대대로 내려온 종교를 버리고 이슬람교를 신봉하고 있다. 그러므로 생리적 · 인종적 혈통과 사유방법 사이에는 본질적인 연관은 존재하지 않는다.

이에 다음으로 생각해볼 수 있는 것은 서로 다른 풍토적 환경[74]이

---

74) 여기서 '풍토적 환경'이라는 개념을 피력함은 와쓰지(和辻, 1889~1960) 박사의 '풍토(風土)' 개념과 일단 구별해서 오해를 막기 위해서다. 와쓰지 박사의 풍토학에 의하면, 풍토는 결코 단순한 자연현상이 아니다. 와쓰지 박사에 의하면 "우리는 풍토의 현상을 문예 · 미술 · 종교 · 풍습 등 모든 인간생활의 표현에서 찾아볼 수 있다. 풍토가 인간의 자기이해를 위한 방법인 한 당연한 것이다"(『風土』, p. 12)라고 말하고 있다. 그런데 지금 사유방법의 차이의 실재 근거를 문제로 검토하고 있는 것은 어디까지나 자연환경으로서의 풍토다. 그러므로 이와 구별하기 위해 다른 말로 표현한 것이다. 풍토적 환경을 문제로 거론함에 있어 문명

다. 한 토지의 기후 · 기상 · 지질 · 토질의 좋고 나쁨, 경관(景觀) 등이 원인이 되어 민족의 사유방법의 차이를 그렇게 만든 게 아닐까 생각된다. 앞에서도 지적한 바와 같이 유럽인과 아리아 계통 인도인의 사유방법의 차이는 이 같은 풍토적 환경에 유래하는 게 아닐까 생각된다. 그러나 풍토적 환경도 결코 인간의 사유방법의 차이에 관해 유일한 결정적 영향력을 가지고 있는 것은 아니다. 만약 그렇다고 하면 풍토적 필연론이 성립한다. 그러나 사실은 그 반대를 입증한다. 동일한 풍토적 환경에서 살고 있는 민족이 다른 민족 사상의 영향을 받아 사유방법을 변화시킬 수 있다. 한 민족의 사유방법은 지속적으로 용이하게 변화시키기 어렵겠지만, 한편 다른 제 민족의 영향에 의해 상당히 변하는 것도 가능하다. 이러한 사실은 각 민족의 역사를 보면 쉽게 이해할 수 있다. 풍토적 환경만으로 그 결정적 원인을 인정하려고 한다면, 민족의 사유방법 또는 사상형태의 변화를 설명할 수 없다.

또 그와 관련해서 지리적 환경이나 위치도 결정적인 요인이 아니다. 자주 거론되는 것이지만, 인도나 중국은 대륙에 속해 있기 때문에 그곳에서 성립한 문화는 대륙적이다. 이에 반해 일본의 문화는 '섬나라적'이라고 한다. 사실 이것도 일단은 일리가 있는 것같이 생각된다. 예를 들면 일본은 섬나라이므로 외래 민족의 침략으로 국토가 황폐해진 적이 없었기 때문에 고래의 문화를 잘 보존할 수 있었고, 인도나 중국 본토에서는 이미 없어져버린 문화적 소산도 여전히 손상되지 않고 전해진다. 그래서인지 섬나라 스리랑카도 불교 교단의 여러 형태 속에서 가장 원

의 풍토적 환경론으로는 H. T. Buckle, History of Civilization, London, 1859를 참조할 필요가 있다.

시적인 것을 보존하고 있다. 그러므로 섬나라는 전통적인 오랜 문화를 손상시키지 않고 전승시키는 보수적인 성격이 있음은 사실이지만, 대륙에도 이 같은 보수적 성격이 없다고는 할 수 없다. 중국 민족의 상고적(尙古的) 성격은 종종 지적되고 있는 바다. 또 인도인의 일부가 3천 년 전에 성립한 베다 문화를 오늘날도 그대로 전하고 있는 것은 하나의 경이로운 사실이다. 상고성(尙古性)이나 보수성은 그 어느 지역에서나 인정되고 있다. 그러므로 대륙이나 섬나라 같은 지리적 환경이나 그 위치 차이가 민족의 사유방법의 차이를 결정짓는 유일한 원인이라 생각할 수는 없다.

여기에서 인종, 혈통이나 풍토적 환경 같은 자연과학적 조건이 아니라 좀 더 인간의 구체적 행위와 관계가 있는, 그러나 여전히 물질적인 조건에 사유방법 차이의 실재 근거를 인정해야 하지 않을까 하고 생각할 가능성이 성립한다. 여기에서 등장하는 것이 인간의 사회생활에서 경제적 제 조건을 중시하는 학설이다. 예를 들면 유물사관도 그 하나일 것이다. 유물사관에 대한 비판은 독립된 연구 제목이 되어야 할 것이므로 여기에서 논급하는 것은 불가능하지만, 이상에서 살펴본 동양 민족의 사유방법을 연구한 결과 다음과 같이 단정함에 주저하지 않는다.

유물사관 또는 경제사관 이론은 민족에 따라 다른 사유방법의 차이가 있다는 사실을 전면적으로 설명할 수 없다. 두말할 필요도 없이 유물사관은 일정한 시기의 생산 관계의 총화(總和), 다시 말해 그 사회의 경제적 구조가 현실의 기반이 되어 그 위에 법률상 또는 정치상 상부구조가 성립하고, 또 그에 상응하는 일정한 사회적 의식형태가 형성된다는 것을 강조하지만, 사회조직 또는 사회사상 등 그 밖의 문제에 대해서는 수많은 해명을 부여함에도 결코 충분한 설명을 해준다고 볼 수 없다. 위에서 지적한 제 민족의 사유방법의 차이가 성립하는 까닭을 유물사관 또는 경제사관의 입장에서 어느 정도까지 설명할 수 있을 것인가? 예컨대 중국 민족이 개별성을 주시하는 데 비해 인도 민족은 보편성을 주시하고, 중국 민족이 경험적이며 감각적이고 현실적인 데 비해 인도 민족은 공상적이고 현세초월적 또는 형이상학적이라고 하는 완전히 상반된 사유방법의 차이는 생산 양식의 차이로는 도저히 설명할 수 없다.

일반적으로 동양사회에서는 농업의 생산 양식에 대해서는 예부터 거의 동일한 양식을 지속해왔으며, 또 나라에 따라서도 그다지 차이는 존재하지 않는다고 전해진다. 그러므로 경제학자나 사회학자들은 '아시아적 생산 양식'이라는 개념을 마치 자명한 용어처럼 사용하고 있다. 물론 이에 대해 다른 한편에서는 의문점이 거론되고 있는 것도 사실이다. 어찌됐건 경제학에서는 '아시아적 생산 양식'이라는 것을 인정해서 좋을지 모르겠지만, 사유방법에 관한 한 '아시아적'이라는 것을 분명히 밝혀진 개념으로 사용하는 것을 거부한다. 이 책에서 검토한 바에 따르면, 사유방법은 민족마다 많은 차이가 있으며, '아시아적 생산 양식'이라는 개념은 동양의 제 민족 사이에 존재하는 사유방법의 차이가 성립하는 근거를 설명해주지 못한다. 그러므로 이 점에 관한 한 유물사관 또는 일반적으로 경제사관은 큰 약점을 드러낸다.

특히 주목해야 할 것은 현재에 이르러서는 공산주의 국가에서도 유물사관을 신봉하고 있지 않다는 사실이다. 중화인민공화국의 한 대표적인 학자는 확실하게 말하고 있다. "과거 수십 년간에 걸쳐 문화가 단순한 경제기초에 반영하는 상부구조로 간주되고 있었지만, 지금은 반대로 뒤집혀버린 것 같습니다. '경제기초에 의해 문화가 결정된다'는 것이 아니라 '문화에 의해 경제가 결정된다'고 하게 되었습니다. 만약 서로 다른 수준에 응용한다면, 양자가 모두 도리에 필적하고 있을지도 모르겠습니다."[75] 이제 국시로 하는 마르크스 · 레닌주의의 교조(敎條)가 절대적인 것이 아님을 알 수 있다.

한편 그와 관련된 것이지만, 종종 학자들에 의해 동양사회에서는 도시의 미발달이 동양사상의 특징을 성립시킨 실재 근거라고 주장되고 있다. 폴리스(Polis)나 키비타스(Civitas, 市民意識)는 동양에서는 성립하지 않았다. '부르주아'도 동양에는 존재하지 않았다. '시민'은 번역어에 지나지 않는다. '쵸닌(町人)'은 시민이 아니다.[76] [77] 시민사회의 미발달이 동양 민족 일반에 통하는 사상적 특징을 성립하게 하는 실재 근거는 될 수 있지만, 각 민족의 사유방법의 차이를 설명하는 것은 불가능하다.

이러한 반성을 통해 드러난 것은 종교적인 관념이 각 민족의 사회적 · 경제적 생활의 특이성을 규정하고 있다는 사상이다. 이는 분명히 유

75) 중국 사회과학연구원의 부원장인 이신지(李愼之)의 「동양의 전통 문화와 현대화」라는 논문(1988년 12월 5일 일본 도쿄에서 열린 사단법인 일본경제조사협의회 주최 「동아시아 지식인 회의」의 기조 보고서).

76) 막스 베버에 의하면, 서양에서 도시가 독자적인 방법으로 발달한 데는 정신사적인 이유가 존재한다고 한다. 첫째로 서양 도시는 자발적인 의지를 근거로 굳은 약속에 의해 형성된 협동사회다. 서양의 도시는 처음에는 방위 단체로 성립했지만, 그 방위는 단체의 자기무장을 원칙으로 한다. 서양 이외에는 그 어느 곳에서도 군주의 군대가 도시보다 앞서서 존재한다. 서양에서 군인 군주에 의해 무장시킨 군대가 성립한 것, 즉 병사와 전쟁 수단의 분리는 근세의 소산이지만, 아시아에서는 원래 그러했다. 그 이유로 동양에서는 이집트, 서아시아, 인도 그리고 중국에서도 치수(治水) 문제가 민족의 중대 관심사였기 때문에 강대한 국왕제도와 관료 정치를 성립시켰다고 한다. 두 번째로 동양사회에서는 사제자(司祭者) 제도가 확립되어 있어서 그것이 마술을 독점해 지배적인 위력을 떨쳤기 때문이라고 생각된다[시모무라(下村寅太郎) 교수의 해설에서].

77) 시모무라(1902~1995)는 일본의 철학자, 과학사 연구가로 과학에서부터 예술, 미술사, 정신사까지 폭넓은 연구 업적을 남기고 있다. 도쿄교육대학 교수를 역임했다.(옮긴이 주석)

물사관 등에 대한 수정적인 의도를 가지고 있다. 이러한 견해의 대표적인 존재인 막스 베버는 "'관념'에 의해 창조된 '세계상(世界像)'은 종종 전철수(轉轍手)처럼 이해의 원동력이 행동으로 옮겨가기 위한 궤도를 우선적으로 결정하는 것이었다"[78]라고 말하고 있다. 그는 종교상의 제 관념이 사회생활 또는 경제윤리에 끼치는 영향을 중요시하고,[79] 전 세계의 중요한 제 민족 대부분에 대해 종교와 사회생활의 관계를 고찰한 것이다. 이 연구 성과는 높게 평가되어야 하지만, 이와 함께 종교와 달리 제 민족 각각이 존재하는 사유방법의 특징이라는 것도 무시할 수 없다. 인도인이면 힌두교도, 자이나교도, 이슬람교도를 통틀어 두루 인정받는 곳의 일반적 특징이 있다. 또 중국인에게는 유교 지지자, 도교 신자, 불교 신자 사이에 골고루 보이는 사유방법의 특징이 있어 같은 사람이 여러 종교의 신자가 되기도 한다. 이 같은 현상은 일본의 신도 · 불교 · 기독교의 경우도 마찬가지여서 여러 종교 신자의 구별을 초월해 인정하는 일

78) Max Weber, Aufsätze zur Religionssozioloie, I, S. 252.

79) "종교 윤리에 대해 경제적 또는 정치적 제약하에 사회적 영향이 미치는 정도는 각각의 경우 원래 심각한 것도 있을 수 있었지만, 첫째로는 이러한 윤리의 성격은 종교 방면에서 주어진다. 그것은 무엇보다 종교적 신탁이라든가 신과의 약속 등의 내용에 의존하고 있다. … 어떠한 종교라도 그것을 사회적으로 지도하는 계층이 경험하는 변천은 중대한 영향력을 갖지만, 다른 한편으로 하나의 종교 형태가 일단 결정되었다면 그것은 대단히 이질적인 여러 가지 생활양식에 상당히 광범위하게 영향을 미치는 것이었다."(Max Weber, "Die Wirtschaftsethik der Weltreligion," Aufätze zur Religionssoziologie, I, S. 240-241) 그는 또 인도에서 카스트 제도가 성립한 까닭에 대해 다음과 같이 설명하고 있다. "본래 창의적인 카스트의 정통성과 업에 대한 교설, 즉 바라문 특유의 변신론(弁神論, Theodizee)의 결합은 단적으로 합리적 또는 윤리적 사고의 소산이며, 어떤 경제적 '조건'의 소산이 아니다. 그래서 이러한 사상적 산물과 본래의 사회 질서가 윤회 사상의 매개로 결합함에 따라 처음으로 이 같은 질서는 해당 인간의 사고와 희망 위에 강한 권력을 갖게 되어 각각의 직업 그룹이나 하층민족의 지위를 종교적 · 사회적으로 낮게 위치를 부여하기 위한 확고한 정형을 생기게 하는 데 이르렀다."(Hinduismus und Buddhismus, S. 131)

본적 경향이라는 것이 있다. 외래 종교가 민족의 사유방법을 변화시켰다는 것도 있는데, 이와 함께 민족 고유의 사유방법이 외래 종교 자체를 변질시켰다는 것은 이 책에서 여러 차례 지적한 바와 같다.

여기에서 우리는 그 밖의 사상 형태의 차이를 성립시키기 위해 한 민족이 놓인 역사적 상황이 중대한 영향을 미친다는 것을 주시해야 한다. 앞에서 인간관계에 관한 인도인의 견해가 자타불이적(自他不二的)·자타융합적(自他融合的)인 데 대해, 고대 서양의 그것이 현저하게 자타대립적이며 항쟁적(抗爭的)이라는 사실을 지적했다. 사상 형태에 대해 이 같은 차이가 성립한 것은 인도와 서양의 경우 지배적 민족이 구성하는 사회의 역사적인 성립 과정이 달랐기 때문이라고 생각한다. 서양의 경우를 보면, 예컨대 그리스인은 선주 이민족을 정복해 자신들의 도시국가(Polis)를 형성했다. 그들은 모험가로 이민족을 침입하곤 했는데, 공동의 적과 그들 자신의 세계를 분리하기 위해 우선 돌벽을 쌓아 안전한 장소를 만들었다. 그리고 그 안에 있으면 돌벽 주위에 살고 있는 적의 공격에 방어할 수 있음과 동시에 죽은 적들의 영혼에 의한 공격에서도 자신들을 보호할 수 있다고 생각했다.[80] 그런데 이와 반대로 인도에 침입한 아리아인은 원주민으로부터 이 같은 격렬한 저항을 받은 적이 없었으므로 그들 사회가 원주민으로부터 위협 받은 정도가 적었다. 그들은 언덕 위에 성채(pura)를 구축하고 있었지만, 외적의 습격이나 홍수 같은 유사시에 성곽 내 요새에 들어가 있었을 뿐 평시에는 성 밖에서 생활했다. 이 같은 사회 형성 과정에서의 역사적 현황에 따른 차이가 각개 민족의 사유방

80) 和辻哲郎, 『ホメーロス批判』, p. 40에 의함.

법을 후대에 이르기까지 오랫동안 규정하고 있었던 것으로 생각된다. 그러나 이러한 역사적 현황에 따른 차이도 그 후의 역사적 변화에 의해 말소되거나 반대로 심화되기도 한다. 그러나 이것도 절대적인 의의를 갖는 것이 아니다.

그러므로 '민족의 사유방법의 특징을 결정짓는 실재 근거는 무엇인가?'라는 문제는 여전히 미해결인 채로 남아있다. 여기에서 생각할 수 있는 것은 '사유방법의 특징을 알기 위한 인식 근거로도 여겨지는 판단 및 추리의 표현 형식이 동시에 실재 근거로서의 역할을 다하고 있는 게 아닐까?'라는 것이다. 일반적으로 판단 및 추리의 표현 형식을 규정짓는 문법 및 문장법(syntax)은 쉽게 변화하기 어려운 것이므로[81] 한 민족의 사유방법의 특징을 나타냄과 동시에 또 반대로 항상적으로 민족의 사유방법을 규정하게 된다. 즉, 사유의 작동 방식이 반대로 언어 형식에 한정되는 것도 가능하다. 따라서 이러한 점에서는 언어에 의한 사유의 표현 형식이 한 민족의 사유방법의 특징에 대한 실재 근거가 된다. 그러나 이러한 관계는 결코 절대적인 것은 아니다. 문법 및 문장법은 사회적 동요 또는 외국 언어와의 접촉에 의해 변화할 수 있다. 이 경우에는 사유방법도 변화한다. 따라서 민족의 사유방법은 시대에 따라 달라진다고 할 수 있다.

이상의 고찰에 의하면, 결론적으로 다음과 같이 말할 수 있다. 한 민족의 사유방법의 특징을 성립시키는 유일한 기본적 원리라는 것은 존재

---

81) 하나의 언어에 대해 보아도 어휘, 즉 그 언어에 쓰이는 단어는 가장 변화되기 쉬운 것이다. 이에 대해 문법상의 각종 결정, 혹은 말하는 방법 등은 비교적 변화되기 어렵다. 단어로 외국어를 상당히 많이 뽑아 넣었을 경우에도 문법조직까지 외국의 영향을 받는다는 것은 상당히 드문 일이다. 따라서 문법은 언제까지라도 지속되는 것이어서 전통의 힘이 비교적 강하다(『橋本進吉博士著作集』 제1권, p. 348 이하, 『國語と傳統』).

하지 않는다. 위에서도 말한 바와 같이 각종 요소가 복합적으로 뒤얽혀 영향을 미치게 하고, 한 민족의 사유방법을 결정한다. 우리가 사유방법의 차이를 일으키는 실재 근거를 문제 삼을 경우에는 다원론의 입장에 서지 않을 수 없다. 그 첫 번째 원인을 찾아내는 것은 매혹적이긴 하지만, 사태의 진실을 파악하고 있지 못하다. 일원론적인 형이상학설에 대해 불교가 거론하기 시작한 "많은 원인이 합쳐져서 생긴다(衆因緣生)"라는 원칙은 지금 이 경우에도 승인하지 않을 수 없다.

그러면 다음으로 그들 요소가 어떤 순서에 따라 영향을 미치는 것인가? 이것은 앞으로 새롭게 연구해야 할 과제다. 이 문제에 대해서는 여기서 깊이 있게 논급할 수 없지만, 일단 전망해보면 아마 그것에 대해서도 하나의 해답을 제시하는 것은 곤란할 것이다. 사유 작용도 인간의 행위적 또는 실천적 현실에서 보면 하나의 정신현상이므로 각각의 시기에 인간 본연의 자세가 그것을 결정 짓는다고 말해야 할 것이다. 인간은 역사적 존재이며, 언제나 과거로부터 역사의 움직임에 지배되고 있기 때문에 역사의 필연성을 고려해야 함과 동시에 우연성의 계기도 상당히 존재한다고 생각된다. 한 민족이 다른 민족과 접촉한 것 같은 우연한 사건이 그 민족이 의도하지 않은 중대한 변화를 가져올 수도 있다.

민족의 사유방법은 인간에 의해 형성된 모든 것에 한정되어 있는 동시에 또 반대로 그것을 한정해 고치는 기능을 가지고 있다. 경우에 따라서는 앞에서 거론한 여러 문화적 요인도 거꾸로 민족의 사유방법이 각각 특징 지어져 형성되었다는 측면도 존재할 것이다. 양자의 상호적 한정이 야기하는 구조를 밝히는 것은 독립된 연구 문제다. 이 책에서는 동양 제 민족의 사유방법에 대해 각기 다른 몇 가지 특징이 존재한다는 것, 그리고 하나의 민족에 대해 말하면 그들의 제 특징 사이에는 일정한 논리적 연관이 있다는 두 가지 점을 밝힐 수 있었다면, 일단 연구 목적을 달성했다고 말하고 싶다.

여기서 아울러 주의해야 할 것으로 물론 각 민족의 역사에는 고대 · 중세 · 근세 등의 구별이 있어 그에 걸맞게 민족의 사유방법도 다르다. 이 사실을 부인하는 것은 아니다.

그러나 그와 동시에 각 민족에게는 이들의 역사적 시기를 통해 변함없이 갖고 있는 특수한 사유 경향이 존재하는 것도 인정하지 않으면 안 된다.[82] 또 앞으로 교통이 발달해 교섭이 점점 긴밀해지고 세계가 하나가 되면, 여러 많은 민족 사이에 사유방법의 차이가 점점 근소해질 것이다. 그럼에도 과거부터 내려온 전통적 특징을 완전히 멀리하는 것은 쉽지 않을 것이다. 또는 불가능할지도 모른다. 여러 민족의 사유방법에서 편차를 바로잡아 새로운 세계문화를 건설하기 위해서는 우선 민족의 사유방법의 특징을 반성해 구명(究明)해놓을 필요가 있다. 물론 그것이 역사적으로 어떻게 변화했는지를 함께 생각해야 한다는 것은 두말할 필요도 없다. 다만 토지제도 개혁이라든가, 경제기구 개혁이나 정치조직

---

82) 이 문제에 관해 러셀은 인간은 항구적으로 3개의 기본적인 항쟁에 맞닥뜨리고 있다는 사실을 지적하고 있다. 즉, ① 자연에 대해, ② 타인들에 대해, ③ 자기 자신에 대해서다(Bertrand Russell, New Hopes for a Changing World, London, George Allen and Unwin, 1951, p. 18). 스미스 교수는 이러한 분류법을 받아들여 "대체적으로 말하면, 이것들은 인간의 자연적, 사회적 및 심리적인 문제라고 간주할 수 있을 것이다. 현존하는 위대한 문화적 전통 역시 3개가 있다. 즉, 중국과 인도 그리고 서양의 문화적 전통이다. 만약 이것들이 각 인간의 기본적인 문제의 그 어느 쪽인가 하나를 강조하고 있다고 가정한다면, 이 3개의 전통이 독자적인 전망을 이해하고, 또 서로 관련되게 할 수 있다. 일반적으로 말하면, 서양은 자연 문제를 강조했으며, 중국은 사회적, 인도는 심리적인 문제를 강조했다"라고 말했다(Huston Smith, "Accents of the World's Philosophies," Philosophy East and West, VII l and 2, April, July, 1957, pp. 7-19).

개혁 같은 외부적 · 제도적 처리만으로는 민족의 사유방법에 대한 전면적인 개혁은 좀처럼 실현할 수 없을 것이다. 진리를 목표로 하는 새로운 문화를 건설하기 위해서는 민족의 사유방법에 대해 준엄한 비판을 하지 않으면 안 된다.

부편 1

민족과 사유방법: 앞으로의 연구를 위해

1. 서언

동양 제 민족의 사유방법에 대한 논고의 중요한 사항 및 일부를 몇 년 전 『사상(思想)』[1]지에 3회에 걸쳐 연재했고, 또 단행본으로 전체를 발표한 이후 많은 분들로부터 혹은 공공기관 또는 사신(私信)을 통해 여러 비평을 받았으며, 개인적으로 감상을 들을 수 있는 영광을 얻었다. 변변치 않은 논고에 대해 학계 또는 논단의 존경하는 많은 분들께서 귀중한 시간을 할애해 수고를 아끼지 않으신 데 대해 충심으로 감사를 드린다. 이 같은 많은 비평 또는 감상이 검토 또는 자기비판을 위한 새로운 동기

1) 1921년 도쿄 이와나미(岩波)출판사에서 창간한 이래 철학 · 역사학 · 사회 제반 과학의 최신 성과를 폭넓은 독자층에 제공해 일관되게 높은 평가를 받아온 일본을 대표하는 격조 높은 잡지의 하나라 볼 수 있다. 역사적으로도 일본의 저명한 철학자 및 사상가 등이 집필해 많은 화제를 불러일으키기도 했다. 2013년 현재 통권 제1066호를 발간하고 있다.(옮긴이 주석)

를 부여해주셨기에 너무도 감사했다. 이 기회에 약간의 반성과 검토를 더하고 일단 매듭을 짓기 위해, 또 저자의 취지와 모자란 부분을 다시 천명하는 것도 의미가 있을 것이라고 생각한다.

[이하에서는 저자에게 비평 또는 감상을 남겨주신 분들과 관계가 있을 경우 각 개인의 성명을 기록하지 않기로 했다. 실례라고 생각하지만, 비평 또는 감상 내용을 올바르게 이해하고 있지 않을 염려가 있다고 생각하기 때문이며, 비평과 감상문을 보내주신 분들께 누를 끼치지 않기 위해서이기도 함을 깊이 헤아려주시기를 바라는 바다.]

저자가 취급한 것은 동양의 문화와 민족에만 한정하고 있다. 그러나 이 같은 문제에 대해 철저하게 고찰하기 위해서는 더욱 폭넓게 민족의 사유방법 일반에 대해 성찰하여 원리적 성찰의 기반 위에 개개의 민족에 대한 사유방법을 연구해야 할 것으로 생각한다. 그러므로 여기서는 더욱 기본적인 문제를 포함하여 「민족과 사유방법」이라는 제목 하에 약간의 고찰을 서술해보고자 한다.

2. 민족의 사유방법 연구의 의의

현실에 존재하는 한 민족에게는 각종 사유방법 또는 사유경향이 서로 얽혀 있어 그것들 안에는 상호 모순되는 것이 작용한다. 그럼에도 한 민족의 사유방법의 특징으로 끄집어낼 수 있는 것은 어디까지나 일반적인 경향으로 문제 삼는 데 지나지 않는다. 지적된 특징이라는 것은 궁극적으로 안정된 실재의 것이 아니라 항상 상대적이어서 유동성이 많다. 따라서 이 같은 제 특징은 자연과학적 법칙처럼 예외를 허용하지 않는 것이 아니다. 이에 대해서는 얼마간의 반증을 들 수 있을 것이다. 단, 하나의 특징과 그것과 반대인 특징 중에서 어느 쪽이 유력한가에 의해 문제가 결정된다.

또 이 같은 특징은 역사를 통해 변화하는 것이다. 그것은 역사적 한정 속에 존재한다. 또 한 민족의 사유방법이 다른 민족에 이식되는 것도 가능하다.

민족의 사유방법에 관한 연구는 이같이 불확정적인 제 특징을 유형적으로 고찰하는 것이다. 유형은 역사적인 일회기적 유일성이 일단 무시되고, 각기 다른 여러 시기에 통하는 공통의 성격이 이해되는 곳에서 성립한다. 즉, 언제나 역사적인 현상으로만 전개하는 민족의 사유를 어떤 의미에서 역사를 초월해 역사에 일관되게 내재하고 있는 지속적인 경향이라는 관점에서 이해하는 것이다. 유형적인 이해는 이 같은 입장에 서지 않으면 불가능할 것이라고 생각된다.

[윤리적인 가치 관념은 시대에 따라 두드러진 변화가 인정되고 있다. 자연현상에 대한 심리적인 반응은 한 민족으로서는 제 민족을 통해 일관하는 것이 있으며, 의외일 정도로 변화하지 않는다. 예컨대 '사쿠라'를 자극어로 하여 현대인 406명의 연상 반응을 조사한 결과, 조사에 나타난 '사쿠라'에 대한 연상 반응은 실로 다양했다. 그러나 내용은 대부분 과거에 일본의 사고양식 또는 행동양식에서 그 유형을 찾아볼 수 있다. 이 조사에서 볼 수 있는 한 "현대인의 사고 패턴은 아무리 다양화 · 이질화되어 있는 것 같아도 일본의 풍토에서 고대로부터 자연히 존재한 사고형태를 초월하는 것이 아니라고 생각된다."[2)]]

이에 대해 동양인의 사유방법을 논할 경우에는 동양 제 민족 사유

---

2) 林貞子, 「現代のおける思考の多様化とその源泉」, 根本萠騰子 編, 『言語と文學にみる文明』, 東海大學出版會, 1978. 7, pp. 311-339.

방법의 특징을 유형적으로 대비하는 것만으로는 현재 급격하게 변모하고 있는 동양의 실태를 포착할 수 없다. 거기에 방향을 부여하는 미래적 성격이 제시되어야 한다는 것을 당연히 생각해야 할 것이다. 확실히 민족의 사유방법은 시대 또는 상황에 따라 비약적으로 변화할 수도 있다. 그렇지만 동양 제 민족의 역사적 발전의 각종 모습에 대해 살펴볼 것 같으면, 단지 유럽적 세계사 구분에 따라서는 결코 해결되지 않는 몇 가지 문제에 부딪치게 된다. 그리고 과거 동양 제 민족에게 사유방법의 차이는 단지 그들이 처한 상황에서 발전 단계의 차이에 유래하는 것으로는 해석할 수 없는 것이 다수 존재한다. 제 민족의 사유방법 또는 사유 형태의 발전이라는 것도 각 민족의 전통에 지배되어 나타난다는 면도 현저하다.

이에 역사적 발전단계 외에 공간적 · 유형적인 제 민족의 사유방법에 대한 비교 역시 당연히 문제로 삼지 않으면 안 된다. 그것은 역사적인 발전단계 상정과 결코 모순되지 않는다. 역사적인 발전단계라는 것도 우선 첫째로는 각 민족 또는 문화권의 문명에 따라 생각하지 않으면 안 된다. 그리고 그것들에 대한 비교 총합적인 결론으로 인류 문명 전반을 통한 개개의 발전단계라는 것을 새롭게 전반적인 역사범주로 세울 수 있을 것이다. 만약 이러한 순번을 소홀히 다뤄서 유럽적 세계사 구분을 바로 인류 전반에 적용하려고 한다면 그것은 완전한 의미의 학문적 태도라고 할 수 없다. 근대 세계에서 유럽 세력이 정치적 · 군사적 또는 기술적으로 지배세력을 가지고 있었다는 것이 그들의 발전단계로 인류 전반의 역사를 다루는 데 대한 정당성을 증명하는 것은 아니다.

그런데 저자가 많은 분의 지도편달을 받으면서 동양 제 민족의 사유방법을 대비적으로 고찰한 것은 그 공간적 · 유형적인 면에만 한정된 것이어서 그와 함께 역사적 발전단계의 견해를 담은 연구도 앞으로 더욱 폭넓게 행해질 것을 간절히 희망하는 바다.

그러면 민족이란 무엇일까? 한 민족을 하나의 단위로 간주할 수 있는 까닭은 무엇인가? 이것은 극히 어려운 문제로 나 자신이 이 문제에 깊이 관여할 수는 없으므로 하나의 민족을 그 민족으로 존재시키는 것은 공통의 언어이며, 편의상 인간의 언어활동을 하나의 특수한 언어 체계를 만듦으로써 한 민족을 만든다는 학설에 준거했다.[3] 이 경우 중국 · 티베트 · 한국 · 일본 등에서는 역사적으로 연속된 공통 언어 혹은 그에 가까운 것이 있으므로 비교적 문제가 일어나지 않는다. 그런데 인도처럼 예부터 다수의 서로 다른 언어를 사용하고 있는 국가에서는 극히 곤란한 문제가 있다. 그러므로 저자는 앞에서 거론한 학설에 의해 우선 아리아 계통의 제 언어를 사용한 사람들의 사유를 문제 삼았던 것이다. 아리아계 문화는 인도문화에서 예부터 지도적 지위를 점유하고 있었으므로 우선 첫 번째로 그것을 밝히는 것이 선결 문제이며, 의미 있는 것이라고 생각했다. 그 이외의 언어를 사용하는 종족을 고려해 현대에까지 이르지 않으면 안 되는 것은 당연하지만, 유감스럽게도 저자의 능력 밖이며 현재 일본에서는 극히 곤란할 것으로 생각된다. 그러나 장래에는 당연히 거기까지 고찰을 진전시켜야 한다는 것은 말할 것도 없다.

---

3) 나카무라 하지메 선집 제1권 『인도인의 사유방법』 「서론」 참조.

3. 민족의 사유방법에 대한 연구

민족문화 사유방법의 특징을 포착하기 위해서는 어떻게 하면 좋을까? 그러기 위해서는 당연히 비교의 순서를 밟아야 한다. 한 가지 쉬운 방법으로 인도 이외의 제 민족에게는 보편적 교설로서의 불교 및 논리사상의 수용 형태를 단서로 했다. 또 간접적으로 개별적인 인도적 사유의 특질을 밝히는 것이기도 하다. 그에 따라 일단 정리된 특징을 파악할 수 있었다고 생각한다. 확실히 불교 및 논리사상이 수용되어 변용될 경우 당연히 각 민족 고래의 사유방법이 작용하여 제약할 것이다. 그래서 민족의 사유방법으로 문제가 될 경우에는 수용된 불교와는 비교적 무관한 각 민족 독자적인 사유방법과의 연관 또는 제약을 밝히는 것이 필요하다고 생각해 그때마다 고찰했다. 종래 많이 행해진 것처럼 막연히 중국 불교의 특질, 일본 불교의 특질을 단지 열거하는 것만으로는 살아있는 연구가 될 수 없다고 생각했기 때문이다. 그리고 불교의 수용 형태를 기준으로 얻을 수 있었던 결론은 민족 본연의 사유방법과 상응하는 것을 밝히는 것을 목표로 했다.

다른 한편 인도의 경우에는 수용을 문제로 삼기 어렵기 때문에 비교 대상을 자매 문화로서의 서양 고전문화에서 찾았다. 세세하게 명시하지 않았지만, 항상 그것을 염두에 두고 고찰했다.

이에 따라 일단의 특징은 파악할 수 있었지만, 단지 나열에만 만족하지 않고 특히 고심한 것은 제 특징 사이의 논리적 연관이다. 구체적인 제 문화현상에서는 사유방법의 제 특징이 서로 얽혀서 복잡한 형태로 나타나 있다. 그러나 단순하고도 기본적인 형태는 어디에서 추구해야 할 것인가? 인간의 사유는 판단 및 추리 형태로 작용한다. 그렇다면 단순한 판단 및 추리의 표현 형식에는 각 민족 사유방법의 특징이 더욱더 단순한 형태로 나타나 있음에 틀림없다. 그러므로 그것을 분석해 만일 A라는 특징을 찾아낼 수 있다면, 현실의 문화현상에서는 A+B+C+D…와 같은 복잡한 형태로 제약되어 사유가 행해지고 있음에 틀림없다. 이같이 생각하여 단순하고도 기본적인 특징을 찾아내고 싶었다. 때때로 오해받는 것처럼 언어현상이라는 의미에서 고찰한 것은 아니다.

이 같은 문제를 고찰하면서 서양의 언어철학서도 약간 살펴보았는데, 저자의 이런 목적에는 거의 도움이 되지 않았다. 그래서 저자는 혼자 고심하지 않을 수 없었다. 전문가가 아닌 사람의 노력만으로 오류도 많고 충실하지도 못한 것은 잘 알고 있지만, 이 순서를 밟지 않으면 민족의 사유방법이라는 것을 논리적 · 체계적으로 고찰하는 것은 불가능할 것이라고 생각한다.

저자가 판단 및 추리의 표현 형식을 검토할 경우에는 주로 고대어에 한정되어 있다. 현대어를 언급할 경우에는 몇 가지 저작에 기대어 설명했다. [다만 일본인의 저작을 검토할 경우에는 자연적으로 현대어까지 관련해서 언급한 곳이 있다.] 고대를 주로 한 이유는 저자가 취급하고 있는 고대 인도학에서는 평소 이들 제 민족의 고대 문헌을 때때로 참조할 기회가 있으므로 스스로 친밀함을 느끼는 부분에만 한정했다. 제 민족의 고대 또는 과거의 사유방법을 우선 매듭지어서 고찰한다는 것은 어찌됐건 간에 의의가 있는 게 아닐까? 현대 인도의 힌두어와 과거부터 전해 내려온 산스크리트어 사이에는 놀랄 말한 단절이 있다. 다른 제 민족에는 그 정도는 아니더라도 어느 정도의 단절 또는 차이를 생각할 수 있다. 현대어에서 판단 및 추리의 표현 형식을 함께 고찰할 수 있다면 그보다 더 좋을 것이 없으며 반드시 필요하지만, 그것을 별개로 고찰하더라도 과도적(過渡的)인 학문적 의의는 생각할 수 있을 것이다.

이같이 생각해 일단 고찰을 진전시켰지만, 원리적인 문제에 대한 지식이 불충분하고 참고서 등도 없음을 자각했다.[4] 그러므로 위에서 말한 문제는 다른 기회에 상세히 고찰하도록 하고 여기서는 이 정도로 마치도록 한다.

[이 문제를 고찰하기 위해서는 인간의 사고를 성립시키는 논리 구조 자체에 집어넣어 고찰할 필요가 있다. 그런 뒤에 다시 고찰하고 싶어서 현재 비교논리학을 단서로 논리 구조의 고찰을 진행시키고 있다.]

4. 문화현상과 사유방법

여러 문화현상을 단서로 하여 사유방법의 특징을 찾아내는 데도 더욱 검토해야 할 문제가 있을 것이다.

인도인의 사유방법을 연구하기 위해서는 다시 서양의 사유방법과 대조 비교를 철저히 해야 함은 두말할 필요도 없다. 예컨대 주의를 받은 것과 같이 인도인 산하에서의 자기자각[5]은 서양의 그것과 더욱 대조 비

---

4) 민족에 의한 사유방법의 차이를 다룬 서적으로는 다음과 같은 것이 있다. Julian Jaynes, The Origin of Consciousness in the Breakdown of the Bicameral Mind, Princeton University Press. 저자는 프린스턴 대학의 심리학 교수로 그의 소론은 상당히 이론적이어서 많은 반향을 불러일으켰다고 하는데, 유감스럽게도 아직 읽을 기회를 얻지 못했다.

5) 동양인의 사유방법 선집 제1권 『인도인의 사유방법』 참조.

교했어야 할 것이다.[6] 다만 설혹 그리스 철학에서 자기자각을 문제로 삼고 있었다 할지라도 '자기'를 의미하는 재귀(再歸)대명사가 철학적 술어로서 주격(nominative)으로 사용된 적은 일찍이 없었다. 그리스 사상에서는 '주관'이라는 것도 얼마간의 의미로 객관적 유자(有子)처럼 표상되는 경향이 있다. 근세의 헤겔이나 키르케고르(Søren Aabye Kierkegaard, 1813~1855)[7]에게 das Selbst가 중요한 개념으로 세워졌다 해도 서양철학사 조류의 전체에서 말하면 중심적인 관념이었다고는 말하기 어렵다. 칸트에게도 das eigentliche Selbst는 결코 철학의 중심 개념이라고는 말하기 어려울 것이다.

불교의 수용 형태에 관한 고찰은 분량적으로도 저자가 더욱 힘을 기울이는 부분이며, 저자 연구의 출발점이 되었다. 여기에서도 비교 · 논의해야 할 점이 많이 있겠지만, 구체적인 반대 의견을 들은 적이 없으므로 검토 · 음미하기 위한 단서로 삼기 바란다. 다만 장래 문제로는 민족의 일반 생활과 밀접한 관계가 있음을 제시하는 여러 자료, 특히 가능한 한 불교와 관계가 옅은 것 중에서 불교적인 영향을 찾아내 검토하면, 거기에는 민족에 의한 불교 변용이 극단적으로 나타나고 있으므로 민족사상을 파악할 방법의 특징을 여실히 알 수 있을 것이다. 저자는 이 점에 유의했지만, 능력 부족으로 충분하고도 철저하게 수행하지 못했다. 이에 대해서는 앞으로 마땅한 연구자가 부디 매진해주기를 바란다.

---

6) 동양인의 사유방법 선집 제15권 『원시불교 사상 I』에서 상세히 논하고 있다.

7) 덴마크의 사상가이자 철학자이며, 오늘날에는 일반적으로 실존주의 창시자 또는 선구자로 평가되고 있다. 당시 상당히 영향력이 강했던 헤겔 철학 또는 청년 헤겔파와 그 내용에 따른 형식에만 얽매이는 교회에 대해 통렬한 비판자였다.(옮긴이 주석)

또 인도불교에 관해서는 각계의 통설과 다른 논설을 때때로 혼용한 적 있다. 예컨대 12인연설이 최초기 불교 중에서도 상당히 늦게 성립했다는 논조[8] 또는 고타마 붓다는 아트만을 부정하지 않았다는 논조[9]에 대해서는 더욱 상세한 논거를 제시해줄 것을 희망하는 소리를 들었다. 그러나 저자가 다소 전문적으로 고찰해보아 통설에 따르지 않을 경우에는 결론을 덮어둘 수 없었다. 장차 이 같은 개별적 문제에 대해 논고를 발표하고, 그럴 기회를 얻어 의문점을 해결하려고 한다.

반대로 저자의 전문분야 외에 대해 언급할 경우에는 권위자의 연구에 준거하지 않을 수 없었다. 한 사람이 수많은 영역에 똑같이 깊은 지식을 갖는다는 것은 도저히 바랄 수 없었다. 또 설혹 개개 민족문화에 대해 아무리 깊은 지식을 갖고 있다고 해도 비교 연구의 절차가 없는 경우 특징을 집어내기란 불가능하다. 저자에게 부족한 인도학에 대한 지식을 이용해 비교 연구[10]를 했을 뿐이다. 그러므로 각 민족을 다루는 데도 가능한 한 같은 방법 및 순서를 적용해왔다. 장차 제 방면의 전문가에 의해 이론(異論)이 없는 해설이 제공되어 그에 의한 확고한 비교 연구가 성립

---

8) 동양인의 사유방법 선집 제16권 『원시불교 사상 II』에서 상세히 논하고 있다.

9) 이미 리스 데이비스(Rhys Davids) 부인이 이에 대해 강조하고 있다. 저자는 기시모토 히데오(岸本英夫) 교수 편, 『종교논집』 제2집 「生の不安」, 青山書院, pp. 89-124에서 약간 상론해 놓았다.

10) 한문 원문을 인용하는 경우 반점(返點)이나 오쿠리가나를 사용한 곳이 있지만, 그것은 원문을 보여주면서 일본어 표현과 어순이 다르다는 것을 보여줄 수 있기 때문이다. 중국학 입장에서는 좋지 않다는 견해도 있으나, 저자의 연구 목적이 비교 연구이기 때문에 편의상 채용했을 뿐이다. 이에 반해 사상을 소개할 경우에는 반점을 쓰지 않고 원문에 가까운 일본어 번역을 시도해보았다. 번역이 독단적일까 두렵지만, 소위 한문의 가키오로시(書き下し)는 아마도 바로 해독하기 어려울 것으로 생각된다. 번역을 위한 좋은 지침서가 나오길 고대한다.

할 날이 오기를 바란다.

5. 사유방법의 특징인 능산자

마지막으로 이 같은 종류의 연구에 대해서는 '논리적인 사유방법에 대한 차이를 성립시킨 근저에 인간 존재 본연의 자세가 있는가?', 즉 논리와 그 기반으로서 윤리와의 관계를 구명할 것이 요구된다. 혹은 '민족의 여러 사유방법의 통합 또는 통일성을 구명하는 것이 필요하지 않을까?', '여러 사유방법 또는 사유 경향을 능산(能産)하는 것을 구명할 수 없을까?' 등이 문제로 여겨졌다. 그러나 저자의 고찰은 제 민족의 사유방법에 관한 얼마간의 특징을 지적하고 그들의 논리적 연관을 밝히는 것을 목적으로 하고, 사유방법의 차이를 가져오는 실재 근거에 관해서는 그때그때 개별적으로 언급했으며, 그것들을 전면적으로 규제하는 실재 근거에 대한 것은 생각할 수도 없었을 뿐만 아니라 상정하는 것도 불가능하다고 생각한다.

민족에 따라 또는 역사적으로 사유방법의 차이를 가져오는 실재 근거에 관해서는 이 책의 결론 「동양사상이란 무엇인가」 제3절에서 정리해 고찰하도록 했는데, 그것은 단일적인 것이 아니라 복합적인 것이다. 즉, 예컨대 생리적 소질이라든가 풍토적 환경 또는 생산양식 같은 어떤 하나를 절대적인 실재 근거로 간주하는 데는 동의할 수 없다. 갑(甲)의 특징을 성립시키는 실재 근거는 A와 B이며, 을(乙)의 특징을 성립시키는 실재 근거는 C와 D라는 것은 개별적으로 말할 수 있겠지만, A만이 절대적인 근거라고 말할 수는 없다고 생각한다. 그러므로 사유방법의 능산자(能産者)로서 예컨대 '민족정신' 같은 초경험적인 어떤 형이상학적 원리를 상정하는 것은 학문적으로 충분히 해명되는 것은 아니라고 생각한다. 이에 반해 만약 논리적인 의미에서 기본적 원리를 내보이라고 하면, 그것은 단순히 판단 및 추리의 표현 형식 안에서 인정받는 것이라고 할 수밖에 없다고 생각한다.

6. 맺는말

이상과 같이 사유방법의 단순하고도 기본적인 양상에 관해서는 개별적 민족에 입각한 연구 이외에 앞으로 전반적 또는 체계적인 검토가 요망된다. 이와 함께 복잡한 양상에 관해서는 이후 다른 관점에서의 연구가 가능하며 또한 필요하다. 불교의 수용 형태를 단서로 한 연구는 거기에서 빠진 부분을 못 보고 넘길 우려가 있다. 저자가 언어와 기타 문화현상도 고려한 것은 이러한 결점을 보충하고 싶은 목적도 있었다. 그런 다음 동양 전반에 대해서도 중국 · 일본 · 티베트 · 한국 등 각종 문화형태 연구자들이 그들의 학식을 이용해 상호 비교 연구를 하고, 서양문화 연구자가 이 시점에서 연구할 필요가 있을 것이다. 또 현대인이 고찰하지 않으면 안 되는 것은 두말할 필요도 없다. 그리고 각종 연구 고찰의 결론이 거의 일치한다면, 비로소 목적을 달성했을 것으로 생각한다. 개별적인 오류 정정과 함께 비교 연구 방법에 관해서도 적극적인 가르침을 주실 것을 당부한다. 앞으로 연구의 진전을 희망하면서 이 같은 고찰을 한 사람으로서 반성과 함께 추가로 보충 설명을 했다. 마지막으로 저자의 연구에 가르침을 주시고, 비평과 감상을 해주신 많은 분들께 다시금 깊은 감사의 마음을 전한다.

부편 2

동양인의 사유방법: 연구 진전 과정

1. 연구 착수와 공적 간행

『동양인의 사유방법』 연구는 최초의 공적 간행부터 현재까지 약 40년 이상의 시간이 흘렀다. 그사이의 상세한 과정에 대해서는 나 자신도 잊어버려서 공표를 꺼리는 면도 있지만, 대략적인 회고와 반성을 기록하는 것은 앞으로의 학문 발전을 위해서도 의의가 있다고 생각했기 때문에 순쥬샤(春秋社) 편집부의 추천도 있고 해서 다음과 같이 간단하게 말해둔다.

이 책을 쓰게 된 유래는 초판 서문에 명확하게 기록해놓았으므로 우선 그것을 게재하기로 한다.

서문

패전 및 그에 따른 격심한 현실에 직면한 일본인은 스스로에 대해 근본적인 반성과 성찰을 해야 할 시기를 맞았다. 현재 우리는 자신 속에 잠재해 있으며, 우리 삶에 유력하게 작용하는 사유방법의 특징에 대해 연구하려는 노력을 기울이는 데 너무나도 무성의하지 않았을까? 사람들은 단적으로 일본 근대화의 시급함을 말하고, 동양과 서양 문화의 총합에 대한 필요성을 강조했다. 그러나 그것을 실현하기 위해서는 근본적인 기반으로서 먼저 일반적으로 민족과 그 사유방법의 문제에 대해 전면적인 검토를 해야 하는 게 아닐까?

일찍이 1944년부터 1946년에 걸쳐 이토 기치노스케(伊藤吉之助) 선생이 문부성 일본제학(諸學)진흥위원회의 위탁을 받아 『제 민족의 사유방법의 비교 연구』에 종사하고 있었을 때, 나에게도 그 연구에 참가하도록 종용한 적이 있었다. 이 연구의 중요성을 생각해 미미한 노력을 계속하던 중 일단 약간의 연구 결과를 정리해보았는데, 그 뒤에도 계속해서 이 문제에 대해 고찰해왔다. 이토 선생님이 처음 나에게 준 과제는 「특히 언어 형식 및 논리학에 나타난 인도인의 사유방법」과 「불교 사상 수용 형태를 통해 본 중국 민족 및 일본 민족의 사유방법」 연구였다. 그런데 점차 사색하며 연구를 진행하는 과정에서 이 같은 문제에 대해 어떠한 순서로 연구를 진행해 어떤 방식으로 성과를 정리해야 할 것인가에 관해 상당한 고민을 했다. 만약 방법에 관한 확실한 자각 없이 그저 막연하게 고찰한다면 학문적 정확성을 기대하기 어렵기 때문이다. 이에 어찌됐건 간에 학문적으로 수미일관하기 위해서는 다음과 같은 방법을 따르기로 했다.

먼저 제 민족의 판단 및 추리의 표현 형식에서 사유방법의 특징을 잡기로 했다. 왜냐하면 판단 및 추리의 표현 형식 가운데 각 민족의 사유방법의 기본적인 특징이 가장 잘 나타나 있다고 생각했기 때문이다. 다음으로 이렇게 해서 잡아낸 특징을 단서로 해서 여러 문화현상에 대해 일반적으로 각 민족의 사유방법의 특징이라 할 수 있는 구체적인 현상 형태를 검토하기로 했다. 중국 · 일본 · 티베트에서는 보편적 교설로서의 불교 및 윤리사상 수용이 얼마나 특수한 방법으로 행해지고 있는지, 즉 보편적인 교설이 각 민족의 특수성에 어떻게 수용되었는지를 특히 문제로 삼았다. 그러므로 제 민족의 사유방법을 개별적으로 고찰할 때 어떤 경우에라도 동일한 방법을 적용해보았다. (일본의 경우에는 다시 중국 철학 수용 형태도 문제 삼지 않으면 안 되지만, 이에 관해서는 필요에 따라 느끼게 된 것을 언급하는 정도에 그쳤다.) 서양인의 사유방법과의 비교에 대해서는 정리하지 않았지만 필요에 따라 여기저기서 말했으며, 특히 인도인의 사유방법을 논할 경우에는 고대 서양인과의 비교에 뜻을 두었다. 고대 인도인과 고대 서양인은 민족적 · 언어적으로 동일 계통에 속함에도 이 양자 간에 사유방법의 차이가 존재하고 있음을 밝히는 것은 이 경우 특히 필요하다고 생각했기 때문이다. 그러므로 제 민족에 대한 문화론 또는 문화철학적 해석을 논하려는 것이 아니라 사유방법의 특징이라고 간주되는 제 문화현상에 대해 확실히 하려고 했다.

이 책에서는 실로 많은 문제를 논급해 하나하나의 문제가 한 권의 훌륭한 저술을 필요로 할 정도이지만, 하나하나의 문제에 대해 자세히 논급하는 것에 주안점을 두지 않고 이하에서 지적하는 것 같은 다수 사유방법의 특징을 잡아내는 방법과 특징 상호 간의 논리적 연관을 문제 삼고 있다. 그러므로 자료 또는 방론(傍論)은 될 수 있는 한 주석으로 돌렸다.

이 같은 이유로 이 연구는 자연히 내 전문분야 밖에 있는 것이 많으며 나 자신의 이해력과 지식 부족으로 불완전한 점이 적지 않다는 것을 숙지하고 있지만, 여러 사람이 착수해야 할 연구 과제이며 또한 앞으로 많은 자료를 보충한다 해도 전체 입론에는 별다른 변경이 없을 것으로 생각했다. 그래서 이 책의 출판을 종용하는 은사 선생님과 선배들 그리고 친구들도 있어 하나의 결론에 도달한 이번 기회에 우선 나만의 성과를 정리해 발표하게 된 것이다. 개인적으로는 그 밖에 또 다른 연구를 하고 싶은 문제도 많이 있으므로 이 책을 일단 발표함으로써 정신적인 짐에서 해방되고 싶었다.

이 같은 논고는 문제의 성질상 얼마든지 뒤에 자료를 덧붙일 수 있지만, 일단 입론의 근거를 밝히기 위해 자료는 가능한 한 주석에 열거해놓았다. 약간이기는 하지만 입론의 근거가 될 수 있는 것을 제시하는 것은 이후 학문적 검토를 진행시키기 위해 꼭 필요하다고 생각했기 때문이다. 또한 일반적인 가르침을 바라는 동시에 나 자신도 이후 엄격한 자기비판을 가하면서 더욱 고찰을 진척시키고 싶다.

이 논고를 정리하는 과정에서 이토(伊藤) 선생님의 지도, 그리고 다른 시점에서 이 문제에 대해 연구를 진척시키는 이케다 겐조(池上謙三) 교수님, 호지로(喰代) 씨의 가르침과 조언에 진심으로 감사드린다. 또한 우이 하쿠주(宇井伯壽) 선생님의 다년간에 걸친 지도가 연구의 기초가 된 것은 두말할 여지가 없으나, 인명(因明)에 관해 여러 가지 유익한 조언을 해주셨다. 철학사상의 비교 문제에 관해서는 이전부터 오쓰지 데쓰로(和辻哲郎) 선생님의 가르침이 중요한 지침이 되었다. 논리학 등에 관해서는 수토 신키지(須藤新吉) 선생님, 가와다 구마타로(川田熊太郎) 교수님, 가네코 다케조(金子武蔵) 교수님으로부터 각종 조언을 받을 수 있었던 행운을 기쁘게 생각하고 있다. 학식이 결핍된 몸으로 이 같은 큰 주제에 대해 어떻게든 원고를 매듭지을 수 있었던 것은 순전히 많은 선배와 친구 여러분의 격려 그리고 원조 덕분이다. 나 개인은 이분들의 가르침과 응원이 교차하는 곳에서 하나의 자리를 차지하고 있는 데 지나지 않는다. 세세한 기록은 생략했지만 여기에 깊이 감사의 뜻을 표하는 바다.

1947년 4월 18일 밤

저자 씀

이 책이 처음 간행되었을 때, 학계의 몇몇 젊은 연구자들에게 준 충격은 대단히 컸다. 서평도 크게 게재되었다.

그러나 선배 교수님들의 비평은 바람직하지 않았다. 대단히 격렬한 비판도 받았다. 당시 동양철학 학계에서는 학문이라고 하면 문헌 연구나 교리학에 대한 해설이라고 생각하던 시대였으므로 결코 무리도 아니다.

그런데 학계의 파벌주의(sectionalism)를 초월해 젊은 연구인들의 지지는 줄어들지 않았다. 그분들의 추천으로 외국, 특히 미국 학회에서 주목하게 되었다.

또 영문 번역판이 출판된 것도 여러 나라 학자들의 주의를 끌게 되었다. 일본 유네스코 국내 위원회에서 거론되어 1960년 3월에 간행되었다. 그에 관해서는 같은 유네스코 위원회의 오니시 가즈마사(大西一正) 씨가 강력하게 추진해주셨다고 들었으므로 여기에서 그 이름을 명시하고 깊은 감사의 뜻을 표한다. 영문 번역판에 관해서는 쓰루미 가즈코(鶴見和子, 1918~2006)[1] 교수님과 쓰루미 슌스케(鶴見俊輔, 1922~2015)[2] 교수님뿐만 아니라 많은 분의 도움을 받았다.

2. 순쥬샤(春秋社)판 선집 간행

영문 번역판 출간을 전후하여 도쿄에 있는 순쥬샤의 전 대표 간다 류이치(神田龍一) 씨가 나의 선집(選集) 1~4권을 개정판으로 간행해주셨다. 그 구성은 다음과 같다.

제1권 서론/인도인의 사유방법
제2권 중국인의 사유방법
제3권 일본인의 사유방법
제4권 티베트인의 사유방법/결론

---

1) 일본의 사회학자로 조치(上智)대학 명예교수. 국제관계론 등을 강의했으며 전공은 비교사회학. 지역 주민의 손에 의한 발전을 논한「내발적(内発的) 발전론」 등으로도 잘 알려져 있다.(옮긴이 주석)

2) 1922년 도쿄 출신으로 하버드 대학 철학과를 나왔다. 일본을 대표하는 평론가이며 철학자, 대중문화 연구인 및 정치 운동가.(옮긴이 주석)

이하에 당시 각 권의 서문을 게재하니, 당시의 사정을 살펴보기 바란다.

서문(제1권 『인도인의 사유방법』)

이 책의 구판을 간행한 지 벌써 13년이라는 세월이 경과되었는데, 저자에게는 특별한 의미가 있다. 그것은 이 책이 저자와 함께 성장하고 있기 때문이다.

이 책이 세상에 나오자 당시 젊은 학자 또는 지식인들의 주목을 끌었고, 드디어는 미국 학계 일부에서 관심을 갖게 되었다. 쓰루미 가즈코 씨와 쓰루미 슌스케 씨의 도움으로 록펠러재단으로부터 연구비 원조를 받아 「사상의 과학연구회」 동인(同人)이 이 책의 서론과 일본인의 사유방법 부분을 영문으로 번역했다. 1951년부터 1952년까지 미국 스탠퍼드 대학 객원교수로 체재하고 있을 때는 2주에 한 번씩 여러 교수와 일본인의 사유방법 영문 번역문에 대해 토론했다. 그러다가 드디어 스탠퍼드 대학의 니비슨 교수와 워터스 교수가 영문 번역에 착수했다. 다음으로 1958년 일본 유네스코 국내 위원회에 의해 '유네스코 동서문화 가치의 상호이해에 대한 사업' 중 첫 번째로 이 책 전문의 영문 번역이 계획되어 1960년 3월에 출판되었다. 그동안 저자는 미국, 인도, 미얀마, 필리핀 등 그 밖의 여러 나라의 대학 또는 국제회의장에서 강의 또는 강연할 때마다 이 책의 자료를 사용했다. 또 일부는 여러 나라에서 발간하는 잡지에 발표했으며, 일본 국내에서도 잡지에 발표하는 것과 함께 강연회 등에서 자료로 사용한 일이 적지 않았다. 그리고 그때마다 입론을 재음미하고 자료를 재검토했다. 구체적인 경과는 선집 제4권 영문 번역 자료 집성에서 상세히 언급하기로 했으므로 여기서는 생략하겠지만, 어찌됐건 간에 이 책은 세월이 흐름에 따라 저자와 함께 성장해왔다고 할 수 있을 것이다. 이번에 영문 번역본 간행과 동시에 개정판을 간행한다.

전체적으로 신판에서는 새로운 자료를 추가했으며 입론도 상세하게 언급했는데, 구판에서는 각 민족에 대해 「단순한 판단 및 추리 표현 형식에 나타난 사유방법의 특징」을 개별적으로 논했으나, 신판에서는 그 부분을 삭제했다. 그 이유는 위에서 말한 연구를 위해 사용한 논리학 체계가 최근의 논리학과 비교하면 이미 시대에 뒤떨어진 것이 되어버린 것, 또 이 문제를 궁구하기 위해서는 더욱 원칙적인 문제에 들어가지 않으면 안 되기 때문에 민족을 나누어서 논하는 것은 적당하지 않음을 깨달았기 때문이다. 이에 몇몇 부분을 일단 삭제한 이 책의 신판을 간행했다. 삭제한 부분에 대해서는 「사유와 표현방법」의 문제로 정리해서 뒷날 하나의 책자로 발표할 생각이다.

신판의 완성본 간행에도 실로 많은 분의 도움을 받았는데, 이에 관해서도 제4권에서 종합 정리해 상술할 계획이므로 여기서는 생략한다. 다만 마음속 깊이 감사의 뜻을 표명하는 바다.

1960년 4월 8일

나카무라 하지메

서문(제2권 『중국인의 사유방법』)

중국인의 사유방법을 논한 부분만 하나의 책으로 간행하는 것은 저자로서는 참으로 낯간지러운 느낌이 든다. 전체적으로 큰 체계 속에 정리되어 있을 때는 그다지 두드러지지 않지만, 「중국인의 사유방법」 부분만 들어내고 보니 연구가 얕은 저자로서는 매우 부끄럽다.

그러나 이 부분에는 나름 독자적인 성장사가 있다. 홋카이도(北海道)대학 부교수 사토 이치로(佐藤一郎) 씨(중국철학 담임)가 대학원 학생으로 저자의 연구실에 있었을 때, 대략 전체를 읽어보고 여러 가지 제안과 조언을 해준 적이 있었다. 출간 뒤에는 중국학 관련 젊은 학자들이 여러 가지 자극을 받았다고 말하는 분도 있었고, 나고야(名古屋)대학 교수 오하마 히로시(大浜晧) 씨는 그의 저술에서 공개적으로 승인했다. 또 이 『중국인의 사유방법』이 미국 학계 일부의 주목을 받아 드디어 일본 유네스코 위원회에 의해 영문 번역을 할 계기가 된 것은 미국 예일대학 교수인 라이트(당시 스탠퍼드 대학) 씨가 특히 중국인의 사유방법 부분에 주목했기 때문이며, 라이트 교수의 저술과 논문에서도 종종 인용되었다. 1952년 여름 콜로라도주 아스펜에서 '중국사상사위원회'가 개최되었을 때, 나 자신은 출석할 수 없어 대서양을 건너는 선상과 런던 대학 숙소에서 일부를 영문 번역하고, 그 뒤에 라이트 교수의 가필을 걸친 원고가 위의 위원회에서 검토되어 이에 대한 비판도 등사판(Mimeograph)으로 배부되었는데, 저자로서는 유익한 일이었다. 그 뒤 도쿄 시내에 있는 시분카이(斯文会)[3] 주최로 유시마성당(湯島聖堂)에서 두 번 강연한 일이 있으나 그 내용은 주로 이 부분에 관계되는 자료를 가져온 것이다. 그런데 이 같은 기회와 인연이 주어지고, 많은 사람들로부터 의견과 비판을 받은 것에 항상 감사하고 있으며, 그 결과를 신판에 정리해놓았다. 이 같은 의미에서 제2권은 전 체계 중의 일부이면서 독립적 저술로서의 의의를 가지고 있다고 생각한다.

1961년 7월 18일

나카무라 하지메

서문(제3권 『일본인의 사유방법』)

과거를 돌아볼 때, 세계사적 변동의 시기에 동쪽 바다의 외로운 섬에서 태어나 운명을 함께하는 우리는 선조들이 남긴 문화에 무한한 애착을 느끼는 것은 말할 여지가 없다. 우리는 과거의 전통문화에 마음속으로부터 존경과 금할 수 없는 사모의 정을 품고 있다. 그러나 예컨대 일본 사상만 보더라도 미증유의 중대한 시기를 맞고 있는 이상 과거의 문화에 대해 엄하게 비판적이 되어야 한다. 선현고덕들의 말씀이라 해도 이에 대해 항상 음미하는 태도를 취해야 한다. 그것은 단지 옛 어른들의 말씀을 비판하는 것이 아니라 선현들이 탄생시키고 형성시켜준 것을 실현 · 답습하고 있는 현재의 우

3) 1690년 창설되고 대지가 일본 사적으로 지정된 유시마성당 부지에 1880년 설립되어 현재는 공익 재단법인으로 중국학 교육을 하고 있다. 일본 학교 교육 발상지로도 알려져 있다.(옮긴이 주석)

리 자신에 대한 자기비판이다.

『동양인의 사유방법』에 대한 논고 중 출판 사정에 따라 「일본인의 사유방법」에 관한 부분을 제3권으로 간행하게 되었다.

이 책의 목적 및 연구 방법은 제1권에서 말한 바와 같다. 그러므로 일본인의 사유방법에 대한 연구에서도 다른 동양 민족을 논한 경우와 동일한 연구방법을 적용하고 있다. [다만 일본의 경우에는 중국 고유 전통사상의 수용 형태도 일본인의 사유방법을 연구하기 위한 중요한 단서가 된다. 이 책에서는 불교 수용 형태의 특징을 주로 논술했는데, 가능하면 중국 전통적 사상 또는 여러 외국의 전통 사상의 수용 상태도 언급해 양자에서 서로 닮은 특징이 나타나고 있다는 사실을 지적하도록 했다. 그렇게 해서 불교 사상의 수용 형태를 중요한 단서로 민족의 사유방법의 특징을 찾아내는 것도 외래 사상의 수용 형태로 인정하는 여러 특징이 실은 민족 일반의 사유방법에서 유래하는 것이라는 구조를 밝히려고 했다. 이 점은 제1권, 제2권과 마찬가지다.]

제3권에서도 앞의 제1권과 제2권에서와 마찬가지로 개별적 문제에 관해서는 참조해야 할 최소한도의 자료 및 연구 문헌도 끝까지 읽지 않았다. 그럼에도 이 같은 형태로 정리한 것은 인도학에 관련된 약간의 지식을 이용한 비교 연구와 제 특징의 상호 관련을 논리적으로 밝히는 것이 목적이기 때문이다.

일본에 대한 부분에서도 저자는 일본문화에 어둡기 때문에 이러한 논제로 연구하는 데 크게 주저하지 않을 수 없었다. 그러나 이미 앞에서 논한 제2권 『중국인의 사유방법』에서 적용한 것과 같은 방법으로 일본인의 사유방법을 검토하는 것은 일본문화를 반성하는 한 사람으로서 반드시 해야 할 필요한 절차라고 생각했기 때문에 암중모색(暗中模索)하는 사색가 입장에서 과감히 이 논고를 발표하기로 했다.

이 책에서는 앞의 두 권과 마찬가지로 수많은 중요한 문제를 언급했는데, 그 하나하나가 독립된 저서로 논할 수 있을 정도라고 생각하나, 지금은 그렇게 생각할 여유가 없으며 또 상세히 논할 지식도 없으므로 다만 일본인의 사유방법의 특징을 나타내는 주목해야 할 자료를 적절하게 기록해놓은 것을 정리하여 검토하는 전반적인 일단의 견해를 논했을 뿐이다. 다만 이로 인해 일본인의 사유방법의 여러 특징을 얼마간이긴 하지만 밝혀 그것들에 대한 상호 관련을 제시하는 데 보탬이 될 수 있다면 다행으로 생각한다. 이론적으로 상호 관련을 한층 명확하게 하기 위해 신판에서는 각 장 각 절의 순서를 새롭게 구성했다. 앞으로 좀 더 자료를 모아 검토할 필요가 있으며, 제 방면 여러 제현들의 가르침을 받아 진척시키고 싶다.

1949년 2월 21일 씀

1962년 1월 8일 새로 씀

나카무라 하지메

서문(제4권 『티베트인의 사유방법』)

높은 산봉우리에 갇힌 비경을 자랑하는 티베트도 세계사에서 격변의 물결을 피할 수 없었다. 중국 공산군의 티베트 점령은 세계적인 파문을 야기했다. 저자가 11년 전 이 책을 간행했을 때는 제5편의 부론(附論)으로 티베트인의 사유방법을 간단히 언급했을 뿐이다. 그 당시에는 자료를 검토할 수단이 없었고 저자의 능력 부족으로 상세히 논할 수 없었으나, 티베트인의 사유방법이 동양 다른 지역의 어떤 문화와도 전면적으로 일치하는 게 아니라는 것만은 밝힐 수 있었다고 생각한다.

그런데 그 후 사정이 변화하고 발전했다. 티베트 문제가 지식인들의 주의를 끌게 되었다. 가까운 도쿄대학에는 티베트실이 설치되어 다다 도칸(多田等觀, 1890~1967) 스님,[4] 아오키 분쿄(青本文教, 1886~1956) 스님[5]이 소장하던 방대한 자료(주로 티베트어 번역 대장경)를 소장하게 되었다. 그러던 중 아오키 분쿄 스님이 급서하면서 하는 수 없이 저자가 한때 도쿄대학에서 티베트어 입문 강의를 했다. 또 해외로부터 일본 티베트 연구에 관한 질문이 많아져 하나하나 답변하는 것도 어려운 상황이어서 일본 티베트 연구에 대한 개관을 영문으로 정리해 『인도학 불교학 연구』(1960)에 발표했다. 그래서 저자도 이 방면에 의외로 깊은 관계가 있다. 그러나 저자는 아직도 인도 문명 연구를 위한 보조로 티베트학을 이용하는 정도에 지나지 않으며, 고유의 티베트 문화에 관한 지식이 부족하기 때문에 매우 부족한 연구가 된 것은 유감스럽지만, 지금으로서는 할 수 없다. 단

4) 승려이자 불교학자로 1909년 인도를 경유해 티베트에 입국해 달라이 라마 13세를 만나 티베트에서 불교 수행을 한 후 일본에 귀국했다. 당시 티베트 대장경 데르게판 전권과 약초 의학에 관한 비장서와 희유본 등 달라이 라마 13세가 모아준 2만 4천 부의 문헌을 지참했다. 그 후 도쿄제국대학 촉탁 등 다른 제국대학 등에서 티베트학을 강의했는데, 일본인 최초의 티베트학 연구인으로 학식과 함께 티베트 실체험자로 활약했다.(옮긴이 주석)

5) 교토에 있는 류코쿠(龍谷)대학 대학원생으로, 당시 티베트에 파견되어 1912년 티베트 입국 후 티베트 불교를 연구한 불교 승려이며 일본의 초기 티베트 불교학자.(옮긴이 주석)

지 식자(識者)들을 위해 무언가 단서가 될 것을 기대한다.

제6편 결론은 이상의 전 4권에 걸친 연구 전체에 대한 마무리다. 다시 말해 이같이 하나하나 문화 민족의 사유방법을 검토한 결과 도출된 얼마간의 결론을 정리해서 논한 것이다. 여기서는 동양사상의 문제를 전면적으로 논하기로 했다.

이 책의 구판이 간행된 후 많은 분들로부터 때로는 비평을 받기도 하고 개인적 감상을 들을 수 있는 영광을 얻었다. 이는 저자로서 자기비판을 위한 좋은 기회이므로 금후의 연구를 위해 반성을 논하고, 논한 내용이 부족해서 오해가 있는 점도 보충 설명했다. 이것이 마지막에 실은 「민족과 사유방법: 금후의 연구를 위해」라는 작은 논고다. 다만 구판의 논리적 연구에 대한 반성은 여기서 생략했다. 그것은 나중에 새롭게 논할 계획이기 때문이다.

이상 4권으로 내 연구는 조잡한 형태이긴 하나 일단 완결에 도달했다고 볼 수 있는데, 동양인의 사유방법과 서양인의 사유방법 대비 및 양자의 차이를 낳은 실재 근거에 대해서는 또 다른 책에서 상세히 검토해야 할 것이다. 또 그 밖에도 검토해야 할 많은 문제가 남아있으므로 계속 연구를 진척시키려고 한다.

이번에 개정 신판을 간행한 것은 순쥬샤(春秋社) 사장 간다 유이치 씨의 열성적인 추천에 의한 것인데, 동시에 이와부치 고로(岩淵五郎) 씨는 전편을 통독하고 종종 면밀한 배려를 해주었으며, 또 도쿄대학 대학원생 마스하라 요시히코(增原良彦, 히로 사치야) 군은 교정과 색인 작성 등에 큰 도움을 주었다. 논고를 완결하면서 지금까지 저자에게 지도와 원조를 해주신 많은 분들께 마음속 깊이 감사를 올린다.

1962년 2월 10일

나카무라 하지메

[추가 보충] 이 책을 간행한 후 하와이 동서문화센터에서 이 책을 기본으로 새로운 영문 번역본이 간행되었다. 거기서는 외국인 독자들의 이해를 돕기 위해 많은 설명과 부언을 더했는데, 일본어 재판 간행에서는 일일이 참조할 시간적 여유가 없었다. 다만 새로운 영문 번역본 간행에 대한 경과를 부기해 그 이후에 알게 된 것을 약간 증보하고, 또 이 책에 대한 외국인들의 연구와 평가로 간행자가 영문 번역본에 게재한 것을 소개했다.

1966년 6월 28일

3. 영문 번역에 대한 경과

이 책은 영문으로 번역되었기 때문에 여러 외국에 알려지게 되었는데, 그 경과는 순쥬샤(春秋社) 판 선집 제4권 말미에 「영문 번역에 대한 경과와 자료」로 정리해 기술해놓았다. 그것을 약간의 보필과 함께 게재한다.

영문 번역본의 경과와 자료

『동양인의 사유방법』 4권 완결에 즈음해 이 책의 영문 번역본에 관한 경과를 간단히 싣고 관계 자료를 소개한다. 그것은 이 책의 영문 번역본 제작이 일본어 개정판을 간행하기 위한 준비가 되었기 때문이다. 그래서 이 기회에 이 책의 성립부터 되짚어보고자 한다.

'동양사상이 세계 사상 체계 속에서 어떤 의미를 가지고 있는가?', '그 본질적인 것은 무엇인가?' 등은 내가 이 학문의 연구에 뜻을 두면서 항상 떠나지 않는 관심사였다. 원전 연구를 하기도 하고, 연대를 논하기도 하고, 학파나 종교 역사를 찾아보기도 하는 등 지금까지 정리하면서 여러 가지 일을 다루어왔지만, 궁극적으로는 모두 이 목표에 결부되는 것이라고 할 수 있을 것이다.

전쟁은 일본의 학문 발전을 방해하고 파괴했다. 나도 연구 시간을 빼앗겼고, 연구할 수단 역시 없었다. 서적은 피난처 또는 연구실에도 거의 남아있지 않았다. 그러나 전쟁도 폭력도 학자들의 연구정신을 빼앗을 수는 없었다. 농촌의 경작이나 공장 노동에 동원된 여러 교수들 또는 학생들은 휴식 시간에 학문적인 감상 혹은 전망에 대해 서로 토론했다. 그것은 조잡한 초안 같은 것이었지만, 거칠고 부족한 것이 갖고 있는 활력이 있었다. 각 개인의 생명에서 용솟음치는 그 무엇인가가 있었다. 이러한 것들은 나에게 강한 자극과 깊은 인상을 남겨주었다. 그리고 그것들은 모두 내 학문과 연계될 수 있었다.

때마침 돌아가신 이토 기치노스케(伊藤吉之助) 선생님이 문부성에 민족의 사유방법에 대한 공동 연구를 신청하여 그 연구 조성금으로 고(故)

이케가미 겐조(池上謙三) 박사, 현재 니가타(新潟)대학 교수 호지로 하야마(喰代驥) 씨와 함께 나에게도 참가를 종용했다. 전쟁 중이라 적기가 내습하는 위험 속에서 히토쓰바시의 학사회관과 도쿄대학 철학연구실에서 국민복 차림에 각반(脚絆) 차림으로 자주 연구회를 열었다. 중구난방식 담론(談論)이 오간 모임이었지만, 잊을 수 없는 추억이다. 지금은 이토 선생님도 이케가미 교수도 계시지 않아서 나 혼자만 남겨진 것 같은 외로움을 느낀다.

시간이 날 때마다 조사한 것과 느낀 것을 조금씩 기록하여 정리해 놓았다. 그러는 사이에 출판에 대한 이야기가 있었고, 더욱 가필 개정해 보충을 더할 필요를 느껴 1945년부터 1948년까지 이 사업을 계속했다. 당시 우리 가족은 도쿄에 인접한 이바라키현(茨城県)의 시골로 피난했기 때문에 때때로 방문할 때 보자기 속에는 언제나 원고로 가득했다. 홍수로 철도가 마비되어 에도가와(江戶川) 철교를 걸어서 건너기도 했으며, 물에 빠져가며 도네(利根) 강가를 걸을 때도 있었는데, 언제나 약간의 원고를 몸에 지니고 있었다. 소개(疏開) 중인 아내로서는 원고만 애지중지하는 데 대해 약간의 불평도 있었지만, 청서(淸書)도 해주었다.

드디어 1948년 5월에 이 책 전반부가 나왔는데, 의외로 충격적으로 받아들여져 세간의 주목을 끌게 되었다. 반향과 비평은 여러 가지였는데, 대체로 말하면 나보다 손아래인 학자들에게서 크게 인정받아 문제가 되었다고 할 수 있을 것이다. 약간의 요지는 『세계』, 『사상』, 『사상과학』 이라는 잡지에 게재되어 일반인들에게 더욱 알려지게 되었는데, 이때 쓰루미 가즈코 씨와 쓰루미 슌스케 씨가 그 가치를 인정한 것이 이 책의 운명에 큰 의미를 갖게 되었다.

두 분은 미국의 몇몇 학자 또는 지식인들에게 이 책을 열심히 소개하는 수고를 해주었으며, 사상과학연구회 유지들은 영문 번역에 대한 기획을 세우기도 했다.

때마침 1950년부터 1951년에 걸쳐 록펠러재단의 연구 조성비를 받아 재단 이사 파스(Charles B. Fahs) 박사의 의향에 따라 제1편 서론과 제4편 일본인의 사유방법 부분을 영문으로 번역하게 되었다. 쓰루미 가즈코, 쓰루미 슌스케, 가와구치 마사아키(川口正秋), 이치이 사부로(市井三郎), 이시모토 하지메(石本新) 등 여러분이 각자 공사다망함에도 시간을 할애해 협력하여 번역해주었다. [이시모토 하지메 씨가 「단순한 판단 및 추리의 표현 형식에 나타난 사유방법의 특징」과 「제왕 숭배」를, 가와구치 씨가 「인간 결합 조직을 중시하는 경향」 중에서 [7]까지를, 그리고 나머지를 쓰루미 가즈코 씨가, 또 이치이 씨가 「비합리주의적 경향」을, 쓰루미 슌스케 씨가 「샤머니즘 문제」, 「주어진 현실 용인」, 「결어」를 번역했다.] 당시 친구인 후루다 쇼킨(古田紹欽)과 이노우에 교준(井上教順) 두 사람도 협력을 아끼지 않았다.

1951년부터 1952년에 걸쳐 미국 스탠퍼드 대학에서 동양철학을 강의하고 있을 때, 동 대학 여러 교수들이 세미나를 조직해 2주에 한 번씩 모여 이 책에 제시된 여러 문제를 검토했다. 그 자리에 참가한 교수들은 고힌(John David Goheen, 철학), 라이트(Arthur F. Wright, 역사), 이케(Nobutaka Ike, 정치학), 시겔(Bernard Joseph Siegel, 인류학), 지로(Bert Alfred Gerow, 인류학), 니비슨(David Shepherd Nivison, 중국철학), 데이빗슨(Donald Herbert Davidson), 스미스(Thomas Carlyle Smith, 역사), 워터스(Raymond K. Waters, 일본어)였다. 스탠퍼드 대학 세미나에서는 여러 교수들이 일본의 학자들과는 상당히 다른 문제의식을 가지고 질문했기 때문에 나로서는 연구를 한층 발전시킬 수 있는 좋은 기회였다. 니비슨 교수와 워터스 교수는 그 뒤 수년에 걸쳐 「일본인의 사유방법」 부분에 대한 영문 번역문을 전면적으로 수정했다. 이 두 교수로서도 상당한 정신적 부담이 된 듯하다. 니비슨 교수가 하버드 대학에 체재 중일 때 원고가 행방불명되었는데, 그의 모친이 자택 뒤 개울에 버렸다고 해서 큰 소동이 일어났다. 다행히 사실이 아니라 나중에 원고를 발견하여 크게 안심했다는 에피소드를 말했던 기억이 있다.

또 1952년 여름 콜로라도주 아스펜에서 개최된 중국사상사위원회에 초대되었는데, 마침 유럽과 인도를 경유해 일본으로 귀국해야 해서 출석하지 못했으나 그 대신 원고를 보냈다. 그래서 「중국인의 사유방법」은 대서양을 건너는 선박과 영국 런던 대학 기숙사에서 영문 번역을 해 중국사상사학회에 보냈다. 그 후 라이트 교수가 가필하여 등사판(Mimeograph)으로 배부되어 이에 대한 미국인 학자들의 비평도 마찬가지로 등사판으로 배부되었는데, 이것도 매우 유용하게 참고가 되었다.

그러던 중 유네스코의 동서문화 교류계획의 일부로 일본 유네스코 국내 위원회로부터 일본 사상 문헌의 영문 번역 계획이 세워져 1959년부터 1960년에 제1회 사업으로 이 책이 등재되어 일련의 저술 최초의 서적으로 간행되는 영광을 안았다. 달리 등재시킬 서적이 얼마든지 있었겠지만, 이미 상당 부분이 영문으로 번역된 것이 주된 이유였다.

1960년 4월에는 영문 번역본이 아름다운 표지로 간행되었다(The Ways of Thinking of Eastern People, Japanese National Commission for UNESCO, 1960). 유네스코 일본 국내 위원회의 간청으로 와쓰지 데쓰로(和辻哲郎, 1889~1960)[6] 선

6) 『고사(古寺)순례』, 『풍토』 등 일본 문화사 및 문명, 불교를 소재로 한 많은 저작을 남긴 저명한 일본의 철학자, 윤리학자, 문화사가다. 특히 그의 윤리학 체계는 '와쓰지 윤리학'이라 불렸다. 또한 일본적인 사상과 서양철학의 융합 또는 지향이라고 할 수 있을 경지를 목적으로

생님이 총서 전반에 걸친 서문을 써주셨으며, 또 예일 대학으로 옮긴 라이트 교수가 이 책을 위해 영문 서문을 보내주셨다. 영문 번역 관계 자료로 이 책 끝에 게재한다[와쓰지 선생님의 서문은 미국인이며 유태교 학승(學僧)인 로젠 사(師)가 나의 의뢰로 영문 번역한 것이 게재 출판되었다]. 간행에는 유네스코 국내 위원회 사무총장 무도 요시오(武藤義雄) 씨, 차장 마에다 요시아키(前田充明) 씨, 기획과장 오니시 가즈마사(大西一正) 씨, 연락과장 야마시다 나가히로(山志田長博) 씨 등 많은 분들이 큰 배려를 해주었으며, 또 사무국의 고노 야스시(河野靖) 씨, 요시카와 아키라(吉川章) 씨, 야스이 데쓰히코(安井哲彦) 씨, 쓰치야 요코(土谷遥子) 씨, 미야모토 노부오(宮本延雄) 씨, 나오이 사카에(直井さかえ) 씨 등은 특히 마지막 작업 중에 거의 밤늦게까지 사무실에 남아 작업하는 등 엄청나게 수고해주셨다. 영문 번역에 실제로 참여한 것은 도쿄대학 인도철학연구실 사람들로 알파벳순으로 이름을 실으면 다음과 같다. 가와사키 신조(川崎信定), 하나야마 쇼유(花山勝友), 이마니시 준키치(今西順吉), 우류즈 류신(瓜生津隆真), 사에키 신코(佐伯真光), 야마다 잇시(山田一止), 다카사키 지키도(高崎直道)[이상 「인도인의 사유방법」 부분], 소노케에이쇼(園家栄照), 하나야마 쇼유(花山勝友), 다무라 고유(田村晃祐), 가시와기 히로(柏木弘雄)[이상 「중국인의 사유방법」의 잔여 부분], 다카사키 지키도(「티베트인 사유방법」 부분), 반도 쇼준(坂東性純)[「결론」 부분] 등이고, 사에구사 미쓰요시(三枝充悳), 다카사키 지키도, 고바야시 히데코(小林秀子) 등이 사무적인 작업을 담당했다. 단시일 내에 성취하는 것은 좀처럼 쉬운 일이 아니며, 난해한 인용문 등을 번역해야 했다.

한 보기 드문 철학자로 평가되고 있다.(옮긴이 주석)

간행 후 영문 번역이 어느 정도 알려져 있을까 하는 의문이 있었으나, 1961년 봄 미국 컬럼비아 대학에 갔을 때 대학생들의 교재로 지정되어 있었다. 또 내가 같은 해 4개월 정도 강의를 맡았던 플로리다 대학에서는 많은 젊은 대학생들이 사인을 요구해서 흐뭇하고 기뻤다.

시카고 대학의 극동 도서관에서 뜻밖의 보물을 발견했다. 「중국인의 사유방법」 부분이 중국어로 번역되어 대만에서 출판된 것은 진작부터 전해 듣고 있었지만, 그 실물을 볼 수 있었다.

著者 中村 元

譯者 徐復觀

書名 中国人之思惟方法

出版者 中華文化出版事業委員会, 台北市, 中正面路二六号総經善処 中央文物供應社, 地址 台北市中山南路十一号之一

이렇게 기록되어 있었으며, 1952년 출판되었다. 옮긴이 쉬푸관(徐復觀) 씨는 대만 중부 지방의 둥하이(東海)대학 교수라고 한다. 귀국 도중(1961년 6월) 스탠퍼드 대학에서 니비슨 박사에게 이야기했더니, "반대로 저자에게 헌정하는 것이니 재미있는 일이다"라고 말하면서 소장하고 있던 책을 건넸다.

또 근년에 강원대학교 교수 김지견 박사에 의해 제2권 및 제3권의 한국어 번역본이 간행되었다.

김지견 역, 『중국인의 사유방법』, 서울: 동서문화원, 1971.

김지견 역, 『일본인의 사유방법』, 서울: 우진, 1982.

이 책의 부분적인 유럽어 번역판으로는 다음과 같은 것들이 있다.

(1) The Ways of Thinking of the Chinese as Revealed in Chinese Buddhist Thought. Edited by Prof. Arthur F. Wright and distributed by the Committee for Chinese Thought, Aspens Colorado, USA, 1952.

(2) Influence of Confucian Ethics on the Chinese Translations of Buddhist Sutras. (The Dr. Liebenthal Commemoration Volume: Sino-Indian Studies 10. Santiniketan, India, 1957, pp. 156-170).

(3) Une Caractéristique de la Pensée Japonaise. La Dévotion Absolu à une Personnalité Determinée. (Monumenta Nipponica, published by Sophia University, Tokyo, 1952, vol. VIII, Nos. 1/2, pp. 99-129).

(4) Japanese Ambiguity Revealed in the Process of Introducing Buddhism and Indian Logic. (The Science of Thought, No. 1, 1954, pp. 25-44, Published by the Institute for the Science of Thought, Tokyo. Agency: The Kyobunkan Publishing Company, Ginza, Tokyo).

(5) The Japanese Emphasis upon Social Activities. (In The Science of Thought, No. 2, 1956, pp. 20-39. Tokyo, The Institute for the Science of Thought).

(6) The Humanitarian Tendency of the Japanese. (Berkeley Bussei, No. 1, 1955, pp. 4-6. Published by the Young Buddhist Association, 2121 Channing Way, Berkeley, Californias, USA).

(7) Some Features of the Japanese Way of Thinking. (Monumenta

Nipponica, vol. XIV, Nos. 3-4, 1958-59, pp. 31-72. Published by Sophia University, Tokyo.)

(8) A Tendency toward the Intuitive and the Emotional - A Study on a Way of Thinking of the Japanese. Translated by Rabbi Milten J. Rosen. Basis of the Contemporay Philosophy, ed. by Prof. Seizi Uyeda and published by the Waseda University Press, Tokyo, 1959, pp. 464-472.

위의 8권 중 (1)은 일본 유네스코 위원회의 영문 번역 중에 전부 들어 있다. 그러나 (2)~(8)은 간행인 또는 번역자가 다르기 때문에 문체가 상당히 다르다. 특히 (8)은 유태교의 학승(學僧, 랍비)인 로센 씨가 원문과 별도로 자신이 번역한 것이다.

영문 번역만으로도 상당히 많은 분들에게 신세를 졌으며, 일일이 열거할 수 없지만 따뜻한 마음을 가지고 이 일의 완성을 위해 도와준 분들에게 마음속 깊이 감사를 드린다. 또 이 책에 대해 오니시 가즈마사 씨의 다년간에 걸친 우정에 감사의 뜻을 표하고 싶다.

일본 유네스코 국내 위원회 출판 영역본이 품절되고 지형(紙型)도 없어졌기 때문에 신판을 출판하라는 요청을 여러 방면에서 듣게 되었다. 1962년 8월 13일부터 1963년 1월 15일까지 하와이에 설립된 동서문화센터(하와이 대학 부속)에 갔는데, 그때 시니어 스칼라로 철학그룹을 형성한 것이 다브스 박사(Homer H. Dubs, 옥스퍼드 대학 명예교수), 위너 박사(Philip P. Wiener, 뉴욕시립대학 교수), 크리슈나 박사(Daya Krishna, 소골 대학 조교수)와 나를 포함한 4명이었다. 이는 하와이 대학 철학 교수 무어(Charles A. Moore) 박사의 배려로(철학 관계의 여러 교수들이 동서문화센터에 초대된 것은 그 당시뿐이었으며, 그 후로는 연락이 끊어져버렸다) 4명이 매주 모여서 유네스코 국내 위원회 영역본에 대해 논의를 거듭했는데, 그때의 비평은 저자로서 대단히 유익한 것이었다. 나는 순쥬샤(春秋社) 출간본에 따라 영문을 전면적으로 수정하고 비평도 도입해 고찰을 진행시켰다. 다브스, 위너, 크리슈나 세 교수의 부언도 상당히 삽입했다. 나는 도쿄대학으로 서둘러 돌아가야 했기 때문에 위너 박사는 그 후에도 동서문화센터에 체재하면서 원고를 가필하고 직접 타이핑도 했다. 1963년 여름 위너 교수가 일본을 방문해 약 2개월 체재 중 나와 자주 회의를 했으며, 귀국 후 최종 원고를 뉴욕에서 하와이로 보냈다. 인쇄는 테네시주 킹스포트 인쇄소에서 했으며, 전후로 시간을 요했으나, 드디어 1964년 동서문화센터에서 간행되었다(Hajime Nakamura, Ways of Thinking of Eastern Peoples, India-China-Tibet-Japan. Revised English Translation. Edited by Philip P. Wiener. East West Center Press, Honolulu, Hawai, 1964. ix+712 pp). 이 책은 미국판이어서 조직도 바꾸고 한자도 삭제하는 대신 서양의 비교 사례와 최근 서양의 연구가 많이 삽입되었다. 위너 박사의 가필로 상당히 읽기 쉬워졌다는 평판이다. 『동양인의 사유방법』의 영역본을 하와이 동서문화센터에서 간행함에 따라 직역하는 것은 의미가 없으므로 서양인 독자들이 이해하기 쉽게 그 표현을 새롭게 했으며, 자료를 새롭게 표시할 필요가 있었다. 또 서양의 습관에 따라 간행자인 위너 박사가 평언(評言)을 추가해 그 의미를 더했다. 저자 또는 간행자가 새롭게 글을 더할 경우에는 이전의 영역본(일본 유네스코 국내 위원회 판)에 대한 외국인 학자의 비평이나 하와이 동서문화센터에 체재하면서 이 책의 세미나에 참가한 다브스 교수와 크리슈나 교수의 평언(評言), 그리고 하와이 대학의 무어 교수의 평언을 적당히 고려했다.

이 영역본 신판에는 예일 대학 교수 라이트 박사가 새롭게 서문을 기고해 위너 박사의 간행을 더욱 유익케 했다. 교정과 색인 등에는 하와이 대학 부교수 케네스, 이나다 가메오(稲田亀男) 씨가 상당한 노력을 기울였다.

이상과 같은 상황을 생각하면 신판을 내는 것도 용이한 게 아니었다. 다시 한번 많은 수고를 아끼지 않은 분들께 깊은 감사를 드린다.

I. 일본 유네스코 국내 위원회 간행본에 대한 서평

Reviewed by Paul Demiéville. T'oung Pao, vol. L, 1-3, 1963(Leiden: Brill, 1963), pp. 278-281.

또 *The American Anthropologist* 등에도 서평이 실렸는데, 현재 가지고 있지 않으므로 이곳에 기록을 남길 수 없다.

드미에빌 교수의 서평은 미국 학자들의 말에 의하면 "전면적인 찬사(massive eulogy)"였는데, 일본의 선배 교수들과는 정반대였던 것도 흥미롭다.

II. 하와이 동서문화센터에서 출판된 간행본(Ways of Thinking of Eastern Peoples. Edited by Philip P. Wiener. 1964. The East-West Center Press, Honolulu, USA)에 대한 서평

(1) Book Notes of the Missionary Research Library vol. XXVI,

Nos. 6-7, June-July 1965, New York.

(2) Reviewed by Eliot Deutsch. The Journal of Philosophy, vol. LXII, 22, pp. 689-693.

(3) Reviewed by W. H. W. The Personalist, vol. 46, No. 3, 1965(University of Southern California), p. 392.

(4) Reviewed by Buddhadasa P. Kirthisinghe. The American Buddhist. vol. 9, No. 11, November, 1965, San Francisco. p. 2.

(5) The Sunday Advertiser, January 23, 1966.

(6) Reviewed by Mrs. V. N. Kennedy. East-West Center Review, vol. II, No. 3. February, 1966, pp. 67-69.

(7) Reviewed by A. T. Embree, C. M. Schirokauer and A. E. Tiedemann. Jounal of the History of Ideas, vol. XXVII, No. 1, Jan-March 1966(City College of New York), pp. 145-149.

서평은 아니지만, Dale Riepe, Asian Philosophy Today, London etc., Gordon and Breach, 1981은 내가 지적한 민족의 사상방법 하나하나에 의견 또는 비평을 가했다.

4. 결정판 선집 계획

이 책은 판을 거듭함에 따라 보유(補遺)해왔는데, '보유의 보유'까지 써야 할 묘한 경우가 생겨 「결정판 나카무라 하지메 선집」이 간행됨에 따라 전면적으로 가필해서 증보했다. 그래서 분량도 훨씬 많아졌다.

특히 최초의 간행본에서는 나 자신이 외국에 나가본 경험이 없었을 뿐만 아니라 일본이 쇄국 상태에서 써야 했다. 그런데 근년에는 외국 여행도 자유롭게 할 수 있으며, 외국인과 교유할 기회도 많아졌기 때문에 그 경험이 여기저기에 삽입되었다. 그러므로 전체적으로 상당히 색조가 달라졌다고 생각한다.

첫판에서는 각 민족에 대해 「단순한 판단 및 추리의 표현 형식에 나타난 사유방법의 특징」을 논했는데, 몇몇 선배 학자들로부터 이론이 제출되었으므로 다시금 원리적인 문제부터 고찰하기 위해 순쥬샤 출판 서적에서는 삭제했다. 서양 논리학의 기준을 가져와 끊어서 보여주는 것만으로는 불충분하다. 서양 논리학이라 할지라도 결국은 국지적(local)인 것이다. 이에 동양의 논리사상도 서양의 그것도 하나로 합쳐 원리적으로 생각해서 고치는 노력이 필요하다고 생각했고, 그 작업 속에 자리매김해야 한다고 생각한다. 그 작업을 「논리의 구조」라는 표제로 잡지 『현대사상』에 수년에 걸쳐 연재하고 있으나 아직 완결되지 않았다. 그래서 완결한 후 다시금 독자분들께 제시할 생각이다.

또 한국분들이 상당한 흥미를 보이고 있어 이미 김지견 박사에 의해 『중국인의 사유방법』과 『일본인의 사유방법』은 한국어로 번역 간행되었다. 그와 동시에 한국의 친구들로부터 "왜 『한국인의 사유방법』을 저술하지 않는가?"라고 자주 재촉을 받고 있다. 이런 재촉을 받으면서 써놓은 논고도 있으므로 그대로 싣기로 했다. 단적인 시론에 지나지 않는 것이어서 아직 불충분하지만, 한국인과 일본인의 상호 이해를 위한 무언가에 보탬은 될 것으로 생각한다.

나카무라 하지메(中村元)

1912년 일본 시마네현(島根県) 마쓰에시(松江市)에서 태어남. 1936년 동경제국대학(東京帝國大學) 문학부 인도철학 범문학과(梵文學科) 졸업. 1943년 동경제국대학 조교수. 5월 문학박사 학위 수여. 1954년 동경대학 교수. 1973년 동경대학 명예교수. 1973년 동방연구소 이사장 및 동방학원 원장. 1951년 저서 『동양인의 사유방법』의 높은 평가로 인해 미국 스탠퍼드대학으로부터 일본인 최초로 객원 교수로 초빙. 그 후 세계 각국으로부터 50회를 넘는 초빙을 받음. 일본 정부로부터 시주호우쇼우(紫綬褒章) 수상하고, 1975년 『불교어 대사전』 간행 마이니찌출판문화상(每日出版文化賞), 일본학사원 은사상(日本學士院賞恩賜賞), 일본 천황으로부터 문화훈장(文化勳章), 네팔 국왕훈장, NHK방송문화상, 불교전도협회 문화상(仏教傳道文化賞) 등 수상. 영국 왕립 아시아 협회 명예회원. 독일 학사원 객원 회원. 인도 대통령 라다크리슈나로부터 지식 박사(Vidyavacaspati) 학위 이수.

저서로 『불교어 대사전』 등 『나카무라 하지메 선집(中村元選集)』(결정판) 전 40권을 시작해 약 300권을 넘는 저서와 함께 학술 논문 3,000여 편이 있음. 1999년 10월 10일 향년 86세로 서거.

석오진(釋悟震)

서울 출생. 조계종 승려. 일본 동경 창립130년 고마자와(駒澤)대학 대학원 인도불교학 석사 및 박사과정 졸업. 문학박사. 동경대학 강사, 동경대학 동양문화연구소 연구원. 일본 스루가다이대학 강사. 서울대학교 종교문화연구소 객원연구원. Sri Lanka 국립 Peradeniya대학 및 Ruhun 대학 객원연구원 역임. 나카무라 하지메 동방 특별상 수상. 현재 공익재단법인 나카무라 하지메 동방연구소 동방학원 부총괄연구원 및 상무이사, 사무국 총무국장, 나카무라 하지메 기념관 동양사상 문화연구소 부소장, 동경 동방학원 강사, 일본 인도학불교학회 이사 및 평의원, 일본 팔리학불교학 문화학회 이사 등으로 재직 활동 중.

저술 및 번역서로 『기독교인가 불교인가: 역사의 증언』, 『파아나두라 대논쟁』, 『붓다 안의 예수, 예수 안의 붓다』, 『비교 종교 사상론』, 『원전으로 읽는 원시불교의 세계』, 『中村元』, 『종교와 사회윤리』, 『불교와 인간』, 『불교 요설』, 『붓다가 남기고 싶었던 말』, 『석존과의 대화』, 『불교 요설』 등과 학술 논문 130여 편이 있음.